自分でできる
スキーマ療法ワークブック

Book1

生きづらさを理解し，こころの回復力を取り戻そう

著
伊藤絵美

星和書店

イラスト：高嶋良枝

Book 1 まえがき

　こんにちは。伊藤絵美と申します。私は長年臨床心理士（心理カウンセラー）として，心理的な悩みや症状を抱え，苦しんでおられる方々への心理的援助（セラピー）の仕事をしております。特に「認知行動療法」と呼ばれる心理療法を専門にしており，2004年には，認知行動療法を専門とする民間のカウンセリング機関（洗足ストレスコーピング・サポートオフィス）を開設し，今もそこを拠点に活動をしております。

　認知行動療法とは，簡単に言うと「ストレスと上手につき合うための考え方と方法」の総称で，セルフヘルプ（自助）の力をつけることを目的とした心理療法です。従来はうつ病や不安障害など，いわゆる精神科的な「症状」や「問題」に対するアプローチとして構築され，実際にそれらの症状や問題に対する治療効果が高いことが知られています。私自身，25年ほど前に認知行動療法に出会い，臨床現場で使い始め，認知行動療法が当事者のストレス対処やセルフケアの力を高めることをずっと実感し続けています。多くの当事者が，認知行動療法を学び，身につけることによって，自らのストレスと上手につき合い，自分を上手に助けられるようになっていくのです。

　ところで，認知行動療法に助けられたのは当事者だけではありません。私自身，生きていくにあたって様々なストレスにまみれています。時には「もうダメかも」とくじけてしまいそうになるぐらい，ストレスにやられてしまうこともあります。そんなとき，いつも私を助けてくれたのは，認知行動療法でした。認知行動療法の枠組みを使って自分のストレスを理解し，自分を助けるためのやり方を見つけ出し，実行することで，私は何とか自分を助け続けてきたのです。もちろんこれは，「誰の助けも借りずに，たった一人で自分を助けてきた」ということを意味するのではありません。「誰かに相談する」「誰かの助けを借りる」というのも，立派な「自分助け」です。認知行動療法を学ぶこと

により，他者の助けを借りるということも含めた「自分助け」が上手になります。認知行動療法を身につけ，使いこなすことによって，日々の自分助けが上手になり，それが自らのストレスとうまくつき合うことにつながっていくのです。認知行動療法は日常生活上の自分助けのツールとして本当に役に立ちます。

　一方で，認知行動療法が「今・ここ」で困っている自分を助けたり，「今・ここ」にある具体的な問題を解決したりするのは得意なのですが，そうではない問題や悩みに対しては，いささか物足りないと感じることもよくありました。「そうではない問題や悩み」というのはたとえば，「自分が嫌いだ」「自分に自信が持てない」「他人を信じられない」「生きていくのに希望が持てない」「幼少期の傷つき体験から逃れられない」「トラウマの問題から回復できない」「そもそもどう生きていったらよいか，わからない」……といった，何と言えばよいでしょうか，「人生レベルの問題」「根本的な対人関係の問題」と言ったらよいでしょうか，従来の認知行動療法が得意とする「具体的で現実的な問題」を超えた，より「深くて広い問題」については，認知行動療法を使いつつも，それを大幅に応用したり拡張したりしないと太刀打ちできないな，と感じていました。

　そんなときに出会ったのが本書のテーマである「スキーマ療法」です。1990年代の中頃から，「スキーマ療法」という名前はときどき目にしていました。またスキーマ療法が，認知行動療法に基づきつつも，「人生レベル」の問題に対応するために，認知行動療法を超えた，より統合的な心理療法であるということも少しだけ知っていました。しかしその年代に私がスキーマ療法を学ぶことはありませんでした。なぜなら，認知行動療法を学び，それを臨床現場で実践することで手一杯だったからです。でもスキーマ療法の存在はずっと気になっていました。

　私がスキーマ療法に出会ったのは，2006年のことでした。ある出版社から2003年に英語版で出版されたその名もズバリな『スキーマ療法』というテキストを翻訳しないか，と持ちかけられたのです。これはスキーマ療法の創始者であるジェフリー・ヤング先生が，1990年代に出版したスキーマ療法のテキ

ストを大幅に改訂して，治療者用テキストとしてまとめあげたもので，原著で430ページ以上もある大著でした。これはスキーマ療法の世界では「バイブル」と呼ばれている，治療者必読のテキストです。そんな大著を目の前にして，私はひるみました。ひるみましたが，上述のとおり，認知行動療法の限界を感じつつあったのと（もちろんその何倍もの効果も実感してはいました），もともとスキーマ療法に興味があったのとで，「とりあえず第1章だけ読ませてください。それから翻訳するかどうか考えます」とお答えしました。そして実際に第1章を読みました。

　その感想とは……「このスキーマ療法こそ，"深くて広い問題"や"生き方レベルの問題"にがっちりと対応できる心理療法ではないか！」「認知行動療法はここまで進化したのか！　認知行動療法に一つの到達点があるとすれば，それはまちがいなくこのスキーマ療法だ！」というものでした。それは，ほとんど感動に近いものでした。認知行動療法が日々の生活における具体的な困りごとに対して非常に効果的な心理療法だとしたら，スキーマ療法はこれまで生きてきたなかでずっと抱えてきた「深くて広い問題」を理解し，それを乗り越えていくために，非常に役に立つアプローチなのではないか。これまでの自分の生き方を振り返り，生き方レベルで自分を深く理解したい，生き方レベルでこれまでの自分を乗り越えていきたい，という人にとってなんだかものすごく役に立つアプローチなのではないか。私はそう直感し，ヤング先生のスキーマ療法のテキストの翻訳を，仲間と共に始めたのでした。そしてほどなくして，ぜひともこれは現場で使えるようになりたい，「深くて広い問題」「生き方レベルの問題」を抱えて苦しんでおられる当事者にスキーマ療法を提供できるようになりたい，と強く思うようになりました。まさにこのテキストは「バイブル」だったのでした。

　ところで，認知行動療法の原則の一つに，「セラピストが当事者にそれを提供する前に，まずはセラピスト自身が自分のために使いこなせるようになる」というのがあります。つまりストレスとのつき合い方やセルフケアのやり方を当事者に提供する前に，セラピストが自分自身のセルフケアのために認知行動療法を使いこなせるようになっておきましょう，ということです。だからこそ

上述の通り，私は私自身に対して日々認知行動療法を実践しています。認知行動療法の発展型であるスキーマ療法にも同じことが言えます。スキーマ療法を当事者に提供するのであれば，その前に，自分のためにスキーマ療法を使えるようになっておく必要があります。そういうわけで私は翻訳作業を行いながらスキーマ療法について学びつつ，自分自身に対してスキーマ療法を適用してみました。スキーマ療法の様々なワークを自分でやってみました。

　スキーマ療法を自分自身でやる。自分のために自分でスキーマ療法を実践する。それはなかなか骨の折れる作業ではありました。自分のこれまでの生き方を振り返ったり，幼少期や思春期の傷つき体験を生々しく想起したり，自分を生きづらくさせる数々のスキーマに直面したり……。ここだけを読むと「えー！ スキーマ療法ってそんなに大変なの？　そんなのやりたくない」と思われてしまいそうですが，そして実際にこれらはかなりしんどい作業だったのですが，2年ほどかけて集中的にスキーマ療法に取り組んだ感想は，「大変だったけれども，スキーマ療法に取り組んで本当によかった！」「自分のこれまでの人生の棚卸しができた！」「自分の生きづらさの根本がよくわかったし，その乗り越え方が見えてきた！」「おかげで今後の人生の見通しが立った！」というものでした。ちょうどスキーマ療法の翻訳に取り組んでいたとき，私は40歳を超えたあたりでした。40歳といえば人生の折り返し地点。「不惑の年齢」と言われますが，私自身は，仕事でもプライベートでも自分の生き方に迷いまくっていました。「これでよいのだろうか」と確信が持てないでいました。いい年して迷いまくっている自分，いい年して自分の生き方に確信を持てない自分，そういう自分が嫌でした。それが苦労してスキーマ療法に取り組むなかで，自分の納得のいくかたちで，自分の生き方を振り返り，生きづらさを見つめ，今後の生き方を見通せるようになったのです。これは本当に私にとって大きな体験でした。私は私自身の体験を通じてスキーマ療法の威力を実感したのです。

　その後もスキーマ療法を学びつつ，「深くて広い問題」「生き方レベルの問題」を抱えるクライアントの方々にスキーマ療法を提供するようになりました。そしてやはりそれらの問題を抱える当事者にとって，スキーマ療法は，認知行動療法の限界を超えて，大きな効果をもたらすアプローチであることが，

やればやるほど実感されてきました。スキーマ療法を学ぶセラピスト仲間も徐々に増えてきました。仲間と共にプロジェクトを作り，スキーマ療法をあれやこれやと学ぶ活動も継続して行うようになりました。学会などでもスキーマ療法に関する自分たちの活動について少しずつ報告するようになりました。2013年には，専門家向けのスキーマ療法のワークショップを初めて開催し，多くの方々に参加してもらいました。同じく2013年には，『スキーマ療法入門』という専門家向けの入門書を出版しました。その間，当機関でスキーマ療法を受けるクライアント数はさらに増えてきています。こんなふうに私自身のスキーマ療法への取り組みは，少しずつですが確実に広がっています。そして取り組めば取り組むほど，スキーマ療法が生き方レベルの問題を抱える人々の大きな助けになりうることが実感されるようになりました。

　その中で多くの人々から寄せられた要望がありました。それは「スキーマ療法のワークブックを作ってほしい」という要望です。これは当事者の方々からも専門家の方々からも等しく寄せられた要望です。確かにスキーマ療法は従来，それを専門とするセラピストがいて，そのセラピストと二人三脚でがっちりと取り組んでいくべき治療法ではあります。そうやってスキーマ療法に取り組める環境にいる人は，ワークブックなどなくても，セラピストと共にスキーマ療法に取り組めばよいでしょう。しかし実際には，スキーマ療法を提供できるセラピストが今のところごく少ないのが現状です。私たちの機関でも対応できるケース数に限界があります。また経済的な事情や地理的な事情などにより，そもそも定期的にセラピーを受けに出かけられない人も少なくないでしょう。専門家からは「スキーマ療法を提供したいが，本格的に提供するほどの資源がないので，ワークブックを治療の補助ツールとして使いたい」という要望が寄せられました。本格的なスキーマ療法をがっちりと行わずとも，ワークブックがあれば通常の診療や面接を通じて当事者に何とかスキーマ療法を提供できるのではないか，だからワークブックを作ってほしい，という要望です。私は皆さんからの要望になんとか応えたいと思いました。そして2年かけて書き上げたのが本書です。

　本書はタイトル通り，スキーマ療法を必要とする方や，スキーマ療法を体験

してみたいという方が，治療者やセラピストがいなくても，自分ひとりで取り組めるように作成されたワークブックです。キーワードは2つ。「生きづらさ」と「こころの回復力」。スキーマ療法に取り組むことを通じて，自らの生きづらさを理解し，こころの回復力を取り戻そう，というのが本書のねらいです。本書は20もの「レッスン」から成り立っています。Book 1が「レッスン1」から「レッスン10」から成り，Book 2が「レッスン11」から「レッスン20」から成っています。本書の構成や各レッスンの内容は，目次を見ていただくことにして，ここでは本書でスキーマ療法に取り組んでいただくにあたって，皆さんに3つの大事なお願いをしておきましょう。

●お願いその1：
時間をかけて少しずつ，じっくりと取り組みましょう

　スキーマ療法は認知行動療法と異なり，短期の治療法ではありません。治療者がいたとしても2年や3年かかるのが当たり前の長期間にわたるアプローチです。それを自分一人でやろうというのです。時間をかけてじっくりと進めていく必要があります。上述の通り，私自身，最初に集中してスキーマ療法に取り組んだときには，2年間かかりました。そしてそれで「終わり」になったわけではありません。その後，もう一度1年ほどかけてスキーマ療法のおさらいをしました。そこでも数々の発見がありました。今も細々と自分のためのスキーマ療法を続けています。つまりスキーマ療法は「はい，始め！」「はい，終わり！」というふうにちゃちゃっとやるものではなく，その人のペースで，気長に，時間をかけて，いつまでもどこまでも続けていくような，そういう取り組みなのです。「人生レベル」のセラピーですから当然と言えば当然のことですね。

　そういうわけで，皆さんにも，どうかあせらず，時間をかけて，でも確実に取り組んでもらいたいと思います。「Book 1」で1年間，次の「Book 2」でさらに1年間かけるぐらいのイメージです。もちろんもっと長くなっても，短くなっても構いません。とにかくご自分のペースで少しずつ取り組んでくださいね。

●お願いその2：
読むのではなく，ワークに取り組みましょう

　本書は「読み物」ではありません。「ワークブック」です。読むための本ではなく，取り組むための本です。さらさらさら〜と読めば数日で読み終えるかもしれませんが，算数のドリルを読むだけでは計算力がつかないのと同じように，料理のレシピ本を読むだけでは料理が上手にならないのと同じように，本書をただ読むだけでは，スキーマ療法が身につくようなことは絶対にありません。教示に沿って様々なワークに取り組むのは，特にペンを手に取って何かを書き込んだりするのは，なかなか面倒なことです。しかしそれらの面倒なワークが結果的にあなたを助けてくれることになります。またしっかりとワークに取り組み，しっかりとワークブックに書き込んでおくと，あとで読み返すこともできます。ですからどんなに面倒でも，「ああ，今，自分はこのワークを面倒に思っているなあ」と感じつつ，一つ一つのワークに時間をかけて取り組んでみてください。実際にやってみてください。このことを強くお願いしたいと思います。

●お願いその3：
とにかく孤独にならないでください

　スキーマ療法をあなた一人で行うとして，もう一つ強くお願いしたいのは，「全くの孤独にならないでほしい」「ひとりぼっちにならないでほしい」「助けてくれる人や相談できる人を探してほしい」ということです。スキーマ療法は，これまでの生き方をそっくりそのまま振り返ったり，今後の生き方について思いを馳せたりする，なかなか「壮大な」取り組みです。これは誰がやってもしんどいものです。そのしんどさの果てに「回復」があるようなイメージです。こんな大変な取り組みをひとりでやろうというのであれば，少なくとも日常生活において，誰か助けてくれる人がいること，少なくともあいさつのできる人がいること，つまり全くの孤独ではないことが非常に重要です。このことについては本書の「レッスン2」で実際にもっと詳しく解説し，いくつかの

ワークに取り組んでもらうことになっていますが，あまりにも重要なことなので，あえてここでもこのように書かせてもらいました。

　そうはいっても，これを読んで，「昔も今も，私はずっとひとりぼっちなんだ！」「今の私には助けてくれる人なんて絶対にいない！」「相談できる人がいたら，スキーマ療法なんか必要ないよ！」と思う方もおられるでしょう。その方々にお願いしたのは，やはり「レッスン2」の様々なワークにとにかく取り組んでもらいたい，ということと，それでもなお「今はどうしてもひとりぼっちなんだ」という方には，スキーマ療法に取り組むあなたに著者である私（伊藤）が伴走するイメージを持ってもらいたい，ということです。「自分の生きづらさをなんとかしたい」「こころの回復力をなんとか取り戻したい」と願ってスキーマ療法に取り組むあなたは，とても勇気があると思います。そういうあなたの助けとなることを願って，私はこの本を書きました。本を書くという作業は大変孤独でしんどいものですが，この本を必要とする人たちをイメージしながら，必死でこの本を書きました。今度はこの本でスキーマ療法に取り組むあなたが，そういう私（伊藤）を伴走者としてイメージしながら，本書に取り組んでもらいたいのです。よろしいでしょうか？

●治療者・セラピストの方へのお願い：
当事者のペースを尊重してください

　治療やセラピーの補助ツールとして，本書を利用してもらえることは大変ありがたく，著者冥利に尽きることです。が，ここで2つお願いがあります。ひとつは，もし患者さんやクライアントさんにスキーマ療法を紹介し，本書をお薦めになるのであれば，その前にまずご自身でスキーマ療法を体験してください。ご自身のためにスキーマ療法に取り組んでみてください。スキーマ療法のしんどさと効果の両方を，ご自身で実感してみてください。その上で，目の前の患者さんやクライアントさんに，そのしんどさも含めてスキーマ療法を薦められるかどうか，ご検討ください。

　もうひとつは，とにかく当事者のペースを尊重してください，ということです。本書はBook 1，Book 2合わせてたった20章（20のレッスン）から成る

本で，読むだけならさほど時間はかからないでしょうが，これらのレッスンに本気で取り組むとなると，かなり時間もかかりますし，相当なエネルギーを要します。1つのレッスンを終えるのに，数週間，数カ月かかってもおかしくはありません。途中で疲れてしまい，休憩したくなることもあるかもしれません。それでもいいのです。休憩して，気を取り直して再開すれば，それでいいのです。その人のペースが最も重要です。決して当事者を急かさないでください。その人の取り組みのペースを最大限尊重してください。どんなにゆっくりでも，スキーマ療法に取り組もうという当事者の勇気に敬意を示してください。

　だいぶ長い「まえがき」になってしまいました。それでは皆さん，あとはご自身のタイミングで，スキーマ療法の長い旅路にどうぞお出かけください。
　いってらっしゃい！

Book1の目次

Book1 まえがき　iii

レッスン1　生きづらさから回復しましょう
　　　──健やかなこころを取り戻す ･････････････････････････････････ 1

- レッスン1で何をするか　1
- レッスン1-1　「生きづらさ」って何だろう　1
  - ▶ワーク1-1　「生きづらさ」に気づきを向ける　3
- レッスン1-2　誰もが持つ「こころの回復力」　7
  - ▶ワーク1-2　「こころの回復力」をイメージする　8
- レッスン1-3　「スキーマ療法」とは　11
- レッスン1-4　「スキーマ療法」のお膳立て　11
- レッスン1のまとめ　13
- レッスン1のホームワーク　13

レッスン2　相談できる人を探しましょう
　　　──サポートネットワークをつくる ･･････････････････････････ 14

- レッスン2で何をするか　14
- レッスン2-1　あいさつやちょっとした話ができる人を探す　15
  - ▶ワーク2-1　ちょっとした関わりがあるのは誰（何）？　15
- レッスン2-2　いざとなったら助けてくれる人や機関を探す　21
  - ▶ワーク2-2　いざとなったら助けてくれる人や機関　22
- レッスン2-3　イメージするだけでこころがあたたかくなる人を探す　28
  - ▶ワーク2-3　イメージするだけでこころがあたたかくなる人　29
- レッスン2-4　サポートネットワークを外在化する　31
  - ▶ワーク2-4　「私のサポートネットワーク」　31
- レッスン2のまとめ　35
- レッスン2のホームワーク　35

レッスン3　上手に自分を助けましょう
　　　──セルフケアのために認知行動療法を活用する ････････････ 36

- レッスン3で何をするか　36
- レッスン3-1　ストレスとは　37
- レッスン3-2　ストレスコーピングとは　38
- レッスン3-3　認知行動療法とは：基本モデルを理解しよう　39
- レッスン3-4　なぜ「認知行動療法」と呼ぶのか　41
- レッスン3-5　ストレスの観察と理解が何よりも大事　42

レッスン 3-6　さあ，あとは練習です！　42
　　　レッスン 3 のまとめ　44
　　　レッスン 3 のホームワーク　45

レッスン4　セルフモニタリングを習慣にしましょう
――「今・ここ」の自分の体験を観察する　46

　　　レッスン 4 で何をするか　46
　　　レッスン 4-1　認知行動療法の基本モデルのおさらい　47
　　　レッスン 4-2　ストレス体験に気づく　49
　　　　▶ワーク 4-1　ストレス体験に巻き戻る　51
　　　レッスン 4-3　ストレッサーのセルフモニタリング　51
　　　　▶ワーク 4-2　ストレッサーを外在化する　52
　　　レッスン 4-4　ストレス反応のセルフモニタリング：自動思考をつかまえる　53
　　　　▶ワーク 4-3　納豆のイメージワーク　54
　　　　▶ワーク 4-4　自動思考のモニタリングと外在化　58
　　　レッスン 4-5　ストレス反応のセルフモニタリング：気分・感情に名前をつける　59
　　　　▶ワーク 4-5　気分・感情のモニタリングと外在化　62
　　　レッスン 4-6　ストレス反応のセルフモニタリング：身体反応をキャッチする　63
　　　　▶ワーク 4-6　身体反応のモニタリングと外在化　65
　　　レッスン 4-7　ストレス反応のセルフモニタリング：行動とその結果を把握する　66
　　　　▶ワーク 4-7　行動のモニタリングと外在化　67
　　　レッスン 4-8　セルフモニタリングも練習と外在化が重要　68
　　　　▶ワーク 4-8　ストレス体験全体のモニタリングと外在化　69
　　　レッスン 4 のまとめ　72
　　　レッスン 4 のホームワーク　73

レッスン5　マインドフルネスを体験しましょう
――ありのままを体験し，それをやさしく受けとめる　80

　　　レッスン 5 で何をするか　80
　　　レッスン 5-1　マインドフルネスとは　81
　　　レッスン 5-2　自動思考や気分・感情に対するマインドフルネス　85
　　　　▶ワーク 5-1　自動思考や気分・感情に対するマインドフルネスのワーク　85
　　　レッスン 5-3　身体感覚や行動に対するマインドフルネス　97
　　　　▶ワーク 5-2　身体感覚や行動に対するマインドフルネスのワーク　97
　　　レッスン 5-4　ストレス体験に対するマインドフルネス　106
　　　　▶ワーク 5-3　ストレス体験に対するマインドフルネスのワーク　107
　　　レッスン 5-5　マインドフルに暮らす，マインドフルに生きる　109
　　　レッスン 5 のまとめ　111
　　　レッスン 5 のホームワーク　112

レッスン6　日々コーピングを実施し，レパートリーを増やしましょう
　　　　　――自分助けを日々の習慣にする ………………………… 116

　レッスン6で何をするか　116
　レッスン6-1　「コーピング」と「コーピングレパートリー」　119
　レッスン6-2　コーピングレパートリーを外在化してみよう　124
　　▶ワーク6-1　コーピングレパートリーの外在化　125
　レッスン6-3　日々の生活でコーピングを活用しよう　131
　レッスン6-4　コーピングレパートリーを増やしていこう　132
　レッスン6-5　コーピングについて誰かと語ってみよう　132
　レッスン6のまとめ　133
　レッスン6のホームワーク　133

レッスン7　スキーマ療法のお膳立てを確認しましょう
　　　　　――サポートネットワーク，セルフモニタリング，
　　　　　　マインドフルネス，コーピングレパートリーのおさらい ……135

　レッスン7で何をするか　135
　レッスン7-1　スキーマ療法のおさらいと確認　136
　レッスン7-2　サポートネットワークのおさらいと確認　137
　レッスン7-3　認知行動療法のおさらいと確認　138
　レッスン7-4　セルフモニタリングのおさらいと確認　139
　レッスン7-5　マインドフルネスのおさらいと確認　143
　レッスン7-6　コーピングレパートリーのおさらいと確認　144
　レッスン7-7　ではスキーマ療法の扉を開きましょう　145
　レッスン7のまとめ　146
　レッスン7のホームワーク　146

レッスン8　スキーマ療法の考え方を理解しましょう
　　　　　――生きづらさを扱うための新たなアプローチ ……………… 148

　レッスン8で何をするか　148
　レッスン8-1　スキーマ療法とは何か　149
　レッスン8-2　スキーマ療法では何をするのか　153
　レッスン8-3　スキーマ療法が世界的に注目される理由　153
　レッスン8-4　今後の進め方　155
　レッスン8のまとめ　157
　レッスン8のホームワーク　157

レッスン9　安全なイメージを作りましょう
　　　──スキーマ療法のはじまりはじまり ………………………… 160

- レッスン9で何をするか　160
- レッスン9-1　なぜ「安全なイメージ」が必要か　161
- レッスン9-2　まずはコーピングレパートリーをしっかりと使い続けること　163
- レッスン9-3　すぐに戻れる「安全なイメージ」を用意する　164
  - ▶ワーク9-1　「安全なイメージ」を作る　165
- レッスン9-4　イメージ以外の「安全な何か」を確保する　182
  - ▶ワーク9-2　イメージ以外の「安全な何か」の外在化　183
- レッスン9のまとめ　186
- レッスン9のホームワーク　187

レッスン10　自分の生きてきた道のりを振り返りましょう
　　　──過去の自分に出会う ………………………… 188

- レッスン10で何をするか　188
- レッスン10-1　安全を確保する　190
  - ▶ワーク10-1　「安全なイメージ」と「安全な何か」の外在化　190
- レッスン10-2　年表づくりその1：過去の自分に会いに行く（0歳から10歳ごろまで）　193
  - ▶ワーク10-2　過去の自分に会いに行く（0〜10歳ごろ）　194
- レッスン10-3　年表づくりその2：過去の自分に会いに行く（10歳から20歳ごろまで）　201
  - ▶ワーク10-3　過去の自分に会いに行く（10〜20歳ごろ）　201
- レッスン10-4　年表づくりその3：過去の自分に会いに行く（20歳以降）　209
  - ▶ワーク10-4　過去の自分に会いに行く（20歳〜）　209
- レッスン10-5　生き抜いてきた自分をねぎらう　215
  - ▶ワーク10-5　自分をねぎらう言葉を探し，外在化する　216
- レッスン10-6　安全を確保する　218
- レッスン10のまとめ　219
- レッスン10のホームワーク　219

Book 1 あとがき　220

••• Book 2 へつづく •••

Book 2 で取り組む内容

レッスン 11 早期不適応的スキーマについて理解しましょう
　　　　　　──スキーマ療法の理論の中核

レッスン 12 どんなスキーマが自分にあるか仮説を立ててみましょう
　　　　　　──自分の中の傷つきを理解する

レッスン 13 どんなスキーマモードに自分が入りやすいか検討しましょう
　　　　　　──スキーマ療法の新たなモデル

レッスン 14 スキーマやスキーマモードを日々マインドフルに観察しましょう
　　　　　　──スキーマを含む自分を丸ごと体験し，それをやさしく受けとめる

レッスン 15 自分を助けてくれてきたハッピースキーマを探しましょう
　　　　　　──サバイバー（生き延びてきた人）としての自分に出会う

レッスン 16 自分を助けてくれるハッピースキーマを作りましょう
　　　　　　──今後の人生の支えとなるスキーマを手に入れる

レッスン 17 ハッピースキーマに基づいて行動してみましょう
　　　　　　──新たな行動パターンを手に入れる

レッスン 18 モードワークを身につけましょう
　　　　　　──自分の中の「ヘルシーモード」をはぐくむ

レッスン 19 これまでの道のりを振り返りましょう
　　　　　　──数々のお膳立てとスキーマ療法全体のおさらい

レッスン 20 今後もスキーマ療法を続け，ハッピーな人生を手に入れましょう
　　　　　　──生きる限りスキーマ療法を実践し続ける

生きづらさから回復しましょう
―― 健やかなこころを取り戻す

🐸　レッスン1で何をするか

　「生きる」ということ，すなわちこの世に生まれ，育ち，やがて大人になり，老いて，死んでいくということは誰にとっても一大事業です。誰もがそうやって「生きる」なかで，よいこころもちでありたい，健やかなこころでいたい，と思うのは当然のことでしょう。しかし私たちの身体が，ときに風邪をひいたり，お腹をこわしたり，あるいは何らかの病を得たりすることがあるのと同じく，私たちのこころも，ときに傷ついたり，へこんだり，波立ったりすることがあります。物質的には事足りても，こころが満たされないと感じるときもあるでしょう。このような「傷ついて，満たされないこころ」をこの本では「生きづらさ」と呼ぶことにします。

　この「レッスン1」ではまず，自分の生きづらさを遠くから眺めてみます。次に，生きづらさとは反対の，人間なら誰もが持っている「こころの回復力」について考えてみます。そして「スキーマ療法」という心理学的アプローチについてごく簡単に学びます。スキーマ療法とは，自らの生きづらさを見つめ，こころの回復力を取り戻すのに役に立つ手法です。今日は最初のレッスンですから，あまり欲張らず，「ああ，スキーマ療法というやり方があるんだなあ」という程度に，なんとなく理解していただければそれで十分です。

🔑 レッスン1のキーワード ▶ 生きづらさ，こころの回復力，スキーマ療法

レッスン1-1　「生きづらさ」って何だろう

　私たちは生きています。あまりにも当たり前のことなので，こういうふうに書くと何だか変な感じがしますが，とにかく私たちは，毎日「自分を」生きています。これまでも生きてきましたし，今もこうして生きていますし，いつ死ぬのかはわかりませんが，いずれにせよ「死」のその瞬間まで，私たちは自分を生き続けます。

さて，このようにして生きていて，「私は完全に幸せだ」「私の気持ちは100％ハッピーだ」「自分には何の悩みも問題もない」「この世はパラダイスだ」と言い切れる人って，どれぐらいいるでしょうか？　もちろんこの世にはそういう人がいるのかもしれませんが，少なくともこの本を手に取ってくれている人の多くは，「完全に幸せとは言い切れない」「100％ハッピーな気持ちなんてあるのだろうか」「生きていれば何らかの悩みや問題はいつだってある」「この世がパラダイスだなんて，あまりにも能天気すぎないか」と思われるのではないでしょうか。

　私たちの身体とこころは，調子のよいときもあれば，ときに調子を崩す場合もあります。身体もこころも，たまーに調子を崩すぶんには，仕方がないのかもしれません。誰だって心身の調子を崩すことはありますから。でも，もし常に身体の調子を崩しっぱなしだとしたら，生きるのはなかなか困難なことになりますね。それと同様，こころの調子が崩れやすくなっていたり，あるいは常に崩れていたとしたら，やはりそれはそれで大変に生きづらくなってしまいます。冒頭でもお伝えしたとおり，この本では特に「傷ついて，満たされないこころ」を「生きづらさ」と呼ぶことにしました。本書の前提は，「人間誰でも多かれ少なかれ，何らかの"生きづらさ"を抱えている」というものです。そして，その生きづらさが大きければ大きいほど，またその歴史が長ければ長いほど，こころの調子が崩れやすくなり，生きるのが困難になるのではないだろうか，というのが私（筆者）の立てた仮説です。

　では生きづらさとは，具体的にどのようなものでしょうか？　どのような生きづらさが実際にあるのでしょうか？　身も蓋もないことを言うと，それはケースバイケース，人によります。Aさんの生きづらさと，Bさんの生きづらさと，Cさんの生きづらさと，Dさんの生きづらさは，それぞれ別々で，それぞれの個性を持っています。自分と全く同じ人間がこの世に誰一人としていないように，生きづらさも人それぞれです。ですから重要なのは，自分の生きづらさを自分に問い，あなたならではの生きづらさに気づき，それを見つめることです。

　とはいえ，いきなり「自分の生きづらさに気づき，それを見つめる」というのは，やり方としては少々乱暴ですし危険です。この本は，安全なやり方で，少しずつ自分の生きづらさに近づき，触れていってもらえるように構成されています。今は，自分の生きづらさを遠くから眺め，「ああ，もしかしたら自分にはこういう生きづらさがあるかも」「ああそうか，私はこういったことに生きづらさを感じているのかもしれない」程度に感じていただければ，それで十分です。

　これからいくつかの問いを皆さんに投げかけます。それらの問いについて考えてみましょう。これらの問いは，自分の生きづらさにぼんやりと気づきを向け，遠くから眺めるためのものです。これらの問いについて思いをめぐらせ，自分にとってどんな生きづらさがあるのかを，ぼんやりと考えてみましょう。何か考えが出てきたら，単語でも，

断片的なフレーズでも，絵でも図でも何でも構わないので，次のページの「ワーク1－1を外在化してみましょう」にある枠（囲い）の中に書き出してみましょう。このように紙に書き出すことを，心理学では「外在化」と呼びます。本書の元となる心理学の理論に「認知行動療法」「スキーマ療法」というのがありますが，これらは外在化を非常に重視します。自分のこころの中にあることを外に書き出す，すなわち外在化することで，距離を置いてそれを眺めたり，新たな気づきが生まれたりするからです。この本ではこれから，皆さんに様々なワークに取り組んでいただきますが，ぜひ頭やこころの中だけの作業に終わらせず，鉛筆やボールペンを手に取って，外在化しながらワークを進めていってください。

ワーク1－1　「生きづらさ」に気づきを向ける

　正解を出すための問いではありません。これらの問いについて，ぼんやりと思いをめぐらせてみましょう。

問い1　自分はふだんどういうことに悩みやすいか？
問い2　「生きていくのは大変！」「生きるのってしんどい！」って感じるのは，どんなとき？
問い3　過去にどういったことで悩んだり苦しんだりしたか？
問い4　これから先の人生について，どんなことが心配？
問い5　人生に何を求めている？　求めているのに，まだ得られていないことって何？

❖　ワーク1－1の外在化

　上記の問いについて考えるなかで，浮かんできた言葉やフレーズを，次の枠の中に適当に書き出しましょう。絵や図を描いていただいても構いません。何を書き出したらよいのかわからない，という方は，その次のページ以降の「外在化の例」を参考にしてみてください。

ワーク1−1を外在化してみましょう。

❖ **ワーク1−1の外在化の例：ハナコさんの場合**

①人づきあい　人間関係の悩みが多い
　お母さんとの関係

　　　　　　　②人とうまくいかないとき
　　　　　　　　このあいだのクリスマス　ひとりで過ごした
　　　　　　　　孤独だった

③お母さんとの関係
　友だちとの関係
　職場の人間関係
　彼氏との関係

　　　　　　　④人とうまくいかないのでは
　　　　　　　　結婚できないのでは　孤独死するのでは
　　　　　　　　お母さんを満足させられないのでは

⑤人間関係がうまくいくこと
　何でも話せる友だちや彼氏がほしい
　いい人と結婚して幸せになりたい
　お母さんに満足してもらいたい

レッスン **1** 生きづらさから回復しましょう

❖ **ワーク1-1の外在化の例：タロウさんの場合**

問い①自分はどんなことに悩みやすいか？

答え①仕事の業績。仕事の評価。仕事の納期。ボーナスの査定。上司の評価。貯金が足りるのか。老後の心配。体調が悪い。身体が痛い。

問い②どんなとき「生きていくのは大変！」「生きるのってしんどい！」と感じるか？

答え②仕事で心配事が重なると。体調が悪いと。お金のことを考えると。

問い③過去の悩み

答え③中学受験。高校受験。大学受験。ゼミ。就職活動。研修。仕事。会議。プレゼン。病気。怪我。人からの評価。業績。

問い④これから先の心配

答え③健康。仕事。老後。ガンになるのでは。認知症になるのでは。

問い⑤人生に求めること

答え⑤安心。安定。

外在化してみてどうでしょうか。書き込んだ「ワーク1-1」のページ（4ページ）を手に取って眺めてみましょう。そこにあなた自身の生きづらさのキーワードやヒントが示されていませんか？　たとえば外在化の例としてご紹介したハナコさんの場合、「人間関係」「お母さんとの関係」「お母さんに満足してもらうこと」「孤独」といったことが、生きづらさに関連しているように見えます。もうひとつの例のタロウさんの場合は、「仕事」「業績」「健康」あたりが生きづらさに関わっているように見えます。人それぞれ、生きづらさの中身は違います。自分の場合はどうかなあ、自分にはどんな生きづらさがあるのかなあ、と自らに問いつつ、外在化した「ワーク1-1」を眺めてみてください。何かキーワードが見つかりそうですか？

キーワードが見つかった人は、それを大事にしてください。そして今の段階では、たとえ見つからなくても構いません。このワーク自体がピンとこない人もいるかもしれませんが、それでも大丈夫です。「生きづらさ」というのが人にはあるらしい、もしかしたら自分にもあるかもしれない、あるとしたら何だろう……？　ということを、何となく考えていただければ、それで十分です。これからおいおい接近していきましょう。

レッスン1-2　誰もが持つ「こころの回復力」

さて、「誰もが何らかの生きづらさを抱えている」というのがこの本の前提ですが、実はもう一つ前提があります。それは「誰もが自らの生きづらさを理解し、それを乗り越えていくための"こころの回復力"を持っている」というものです。つまり私たちのこころの中には一方で「生きづらさ」がありながら、もう一方でそれを乗り越えるための「こころの回復力」があるのです。生きていれば、いろんな大変なこと、つらいことがあり、それによって私たちの「生きづらさ」が強まるのですが、それでも私たちが何とか生きていけるのは、そしていつしかまた生きる喜びや楽しさを感じられるようになるのは、私たちのこころに予め回復力が備わっているからです。生き延びよう、生き延びて幸せになろう、とする原動力のようなものが私たちのこころには備わっており、生きづらさにやっつけられそうになっている私たちを、その力が救ってくれるのです。

本書の目的の一つは、皆さんの持つ「こころの回復力」を皆さん自身の中に発見し、それを高めていくことです。そのための手法として「認知行動療法」「スキーマ療法」という考え方とやり方を、数々のワークを通じて学んでもらいます。「生きづらさ」については、さきほどの「ワーク1-1」で具体的に考えていただきましたが、「こころの回復力」については、簡単なイメージワークをしてみましょう。

ワーク1-2　「こころの回復力」をイメージする

目を閉じて，自分の中にある「こころの回復力」とはどういうものか，いったいどこにそのパワーがあるのか，自由にイメージしてみましょう。

❖ ワーク1-2の外在化

上の問いについて考えるなかで，浮かんできた言葉やフレーズを，下の枠の中に適当に書き出しましょう。絵や図を描いていただいても構いません。何を書き出したらよいのかわからない，という方は，「外在化の例」を参考にしてみてください。

❖ ワーク1-2の外在化の例：メグミさんの場合

> お腹のあたりに「回復力」が
> あるように感じる。下っ腹。
>
> それは「ど根性」のような
> ものかも。私の根性。
>
> 根性でこれまでなんとか
> 生き延びてきたのかも……

❖ ワーク1-2の外在化の例：ユウスケさんの場合

> 母親のイメージ
>
> 朝日がのぼるイメージ
>
> 青空のイメージ
>
> 白鳥が飛び立つイメージ
>
> 亡くなった祖母のイメージ
>
> 花のイメージ（ひまわり）
>
> 花火のイメージ

❖ **ワーク1-2の外在化の例**：サクラさんの場合

　「ワーク1-2」をやってみていかがでしたでしょうか？　ご自分の「こころの回復力」についてどのような言葉やフレーズやイメージが浮かんだでしょうか？　それを枠の中に外在化してみてどんなことを感じましたか？　自分の中に，あるいは世界のどこかに，ご自身の「こころの回復力」につながる何かがイメージされたでしょうか？　メグミさんはお腹のあたりに感じられるご自身の「ど根性」が回復力としてイメージされたようです。ユウスケさんは，お母さんや（亡くなった）お祖母さんの他に，朝日や青空や花のイメージが回復のイメージとして浮かんだそうです。「どうしてかわからないけれど，回復という言葉を聞いて，こういういろいろなイメージが浮かんできた」とのことでした。サクラさんは，言葉ではなくたくさんのハート（♡）が回復のイメージとして浮かんだそうです。「ハートがいっぱいあるとなんかホッとする。うれしい」とおっしゃっていました。

　皆さんの中には，「回復のイメージなんて，何一つ浮かばなかった」「回復力なんて自分にあるとは思えない」「回復とはほど遠い，別のイメージが浮かんできてしまった」という人がいるかもしれません。今はそれでも全く構いません。「こころの回復力」という考え方があるのだな，ということだけ，頭の片隅に置いておいていただければそれで十分です。

レッスン1-3 「スキーマ療法」とは

　さて，この本で最終的にあなたに取り組んでいただくのは，「スキーマ療法」という心理学的アプローチです。スキーマ療法は，次の項で述べる「認知行動療法」が発展したものです。いきなり「スキーマ」とか「認知行動療法」とか難しい言葉が出てきたので，面食らう人がいるかもしれませんが，心配しないでください。言葉の意味については，おいおい説明していきます。少しずつ，自分のペースで理解し，取り組んでいただければ，それで大丈夫です。

　ここでスキーマ療法について，まず皆さんにお伝えしたいことは，以下の3点です。

1）「スキーマ療法」という名前のついた心理学的アプローチがあります。
2）スキーマ療法の目的は，自らの生きづらさを理解し，こころの回復力を高めることです。
3）スキーマ療法を開始するには，いくつかのお膳立てが必要です。お膳立てがととのったら，スキーマ療法に取りかかることができます。

レッスン1-4 「スキーマ療法」のお膳立て

　上で述べたとおり，スキーマ療法を始める前に，お膳立てをする必要があります。スキーマ療法では，ご自分の抱える「生きづらさ」を理解するために，その「生きづらさ」につながる過去の体験を振り返り，その体験における自分の感情や思いを確認するという作業をします。生きづらさにつながる体験ですから，多くは「傷ついた体験」「嫌な思いをした体験」「つらかった体験」「誰かに嫌な目にあわされた体験」といった，いわば「ネガティブな体験」を思い出すことになるわけです。それは決して楽しい作業ではありません。痛みを伴う作業です（と，書いたからといって，ビビらないでくださいね。大きな痛みには私たちは耐えられませんが，小さな痛みに分解すれば，少しずつ耐えながら作業を進めていくことが可能です。この本では，スキーマ療法を進めるにあたって，作業に伴う痛みを最小限にするために，できる限りの工夫をしますので，安心して取り組んでください）。そのような痛みを伴う作業にいきなり入るのではなく（いかに痛みを最小限にしようということであっても，やっぱりいきなり痛みを伴う作業に入るのは危険です），まずは「自分助け」の計画を立て，今よりも少し「自分助け」が上手にできるようになってから，スキーマ療法を始めていただきます。

　具体的にはスキーマ療法のお膳立てとして，以下の作業に取り組んでいただきます。

1）相談できる人，サポートしてくれる人を確保する。（レッスン2）
2）認知行動療法の簡単な考え方とやり方を身につけて，セルフケア（上手な自分助け）ができるようになる。（レッスン3〜6）

　スキーマ療法の本なのに，なんとレッスン6までは，そのお膳立てなのです。レッスン6まで丁寧に，時間をかけてお膳立てをして，レッスン7から，本題のスキーマ療法に入ります。びっくりされましたか。「えー！　もどかしい。早くスキーマ療法に入りたいのに」という方がいるかもしれませんが，どうかこの私を信じて，一つ一つのお膳立てに丁寧に取り組んでください。たとえそれが小さなものであっても，スキーマ療法に伴うこころの痛みを感じるのは，楽なことではありません。読者の皆さんにはまず，レッスン6までのお膳立てを通じて，こころの痛みを手当てし，自分を上手に助けるためのセルフケア（上手な自分助け）のスキルを身につけていただきたいのです。
　言い換えると，レッスン6まで取り組んでいただくだけで，皆さんはある程度セルフケアが上手にできるようになるはずです。読者の皆さんの多くは，何らかの「生きづらさ」を感じ，「こころの回復力」を取り戻すためにスキーマ療法に取り組みたいという気持ちで，本書を手に取ってくださっていることと思います。レッスン6までの取り組みでセルフケアが上手にできるようになると，それだけで「生きづらさ」がある程度解消したり，「こころの回復力」が向上したりすることが，実はよくあるのです。へんな言い方ですが，レッスン6まで終えるだけで，スキーマ療法を必要としなくなるほど，回復する人も実際にいらっしゃいます。つまりレッスン2から6までの5つのお膳立て

は，スキーマ療法の準備としても必要ですし，セルフケアの基本的なスキルとしても非常に役に立つのです。ですから，くどいようですが，皆さんには，いきなりスキーマ療法に入っていただくのではなく，時間をかけてまずはレッスン6まで丁寧に取り組んでいただきたいと思います。

「時間をかけて，丁寧に」というのがポイントです。あせらずに，少しずつ進めていきましょうね。

レッスン1のまとめ

1) 誰もが生きていくにあたって何らかの「生きづらさ」を抱えています。
2) 誰もが「こころの回復力」を持っており，それによって生きづらさから回復することができます。
3) そのためのアプローチに「スキーマ療法」という考え方とやり方があります。
4) スキーマ療法にはお膳立てが必要。お膳立てを含めて，ゆっくり少しずつ進めていく必要があります。

Homework レッスン1のホームワーク

1)「ワーク1-1」の「生きづらさ」のシート（4ページ）を何回か眺めてみましょう。さらなる「生きづらさ」に気づいたら，シートに書き足しましょう。
2)「ワーク1-2」の「こころの回復力」のシート（8ページ）を何回か眺めてみましょう。回復力について新たなイメージが浮かんだら，シートに書き足しましょう。
3) これから時間をかけて少しずつ確実に「スキーマ療法（お膳立てを含む）」を進めていくんだなあ，ということをなんとなくぼんやりしておいてください。

レッスン2 相談できる人を探しましょう
——サポートネットワークをつくる

🐸 レッスン2で何をするか

　さて「レッスン1」で予告したとおり、この「レッスン2」から「レッスン6」にかけて、スキーマ療法のお膳立てをしていきます。次の「レッスン3」以降は、あなた自身のセルフケア（自分助け）をさらに上手にするために、認知行動療法の基本的な考え方とやり方を身につけていただきますが、この「レッスン2」ではそれに先立ち、まずはあなた自身をサポートしてくれる人を確認したり、探したりするためのワークを行います。

　セルフケアとは自分で自分を上手に助け、ケアすることを言いますが、ケアというのは一人で行うものだけではありません。人は人と互いにケアしあう存在です。私たちは誰かをケアしたり、誰かにケアされたりすることができます。そもそも数ある「生きづらさ」の中でも最もつらいことは、「孤立している」「全く孤独である」「完全にひとりぼっちだ」という体験ではないでしょうか。「全くの孤独の中で、ひとりぼっちでセルフケアを行う」というのは、どう考えても幸せそうではありません。人と人との支え合いがあってはじめて、人はセルフケアによって自分助けができるのだと私は思います。

　そこでこの「レッスン2」では、次の「レッスン3」以降でセルフケアを身につけていただくに先立ち、そしてこれから長い道のりをかけてスキーマ療法を身につけていくにあたって、あなた自身が誰にケアしてもらえるか、誰のサポートを受けられるか、誰だったら少しでも頼りになりそうか、誰のことを思うとこころが少しでも楽になるのか、ということを予め考えておきたいと思います。あなたを支えてくれるサポートネットワークをまず作り、それからセルフケアの練習に入るのです。

> 🔑 レッスン2のキーワード ▶ サポートネットワーク

レッスン2-1　あいさつやちょっとした話ができる人を探す

　「ケア」「サポート」というと大げさな感じがするかもしれませんが，まず大切なのは，人と顔を合わせる，あいさつをする，ちょっとした話をする，という，そういうささやかな関わりを誰かと持っておく，ということです。そういう関わりが日常生活の中にちりばめられていると，人のこころはそれだけで少しケアされ，支えられます。家族や近所や職場や学校などで，ちょっとしたおしゃべりをしたり，愚痴を言ったりする相手がいれば理想的ですが，そこまでいかなくても，たとえば，同じアパートやマンションの住人とあいさつをする，よく行くお店の人と天気の話をする，いつも通りかかる交番のおまわりさんと会釈を交わす，そんなことでもいいのです。人間でなくても構いません。自宅で飼っているインコでも，よく通りかかる家の飼い犬でも，おなじみの場所にいるノラ猫でもいいのです（直接言葉は交わさなくてもこころの中であいさつしたりしますよね）。

では早速ワークをやってみましょう。

ワーク2-1　ちょっとした関わりがあるのは誰（何）？

　あなたの身の周りにいて，あなたとあいさつしたり，会釈を交わしたり，ちょっとした話をしたり，愚痴を言い合ったりできる人は，誰ですか（人間以外の動物でも植物でも何でもOK）？　ゆっくり，じっくりと思い浮かべてみましょう。

❖ **ワーク2−1の外在化**
　思い浮かんだ人（動物でも植物でも何でも可）をすべて，下の枠の中に書き出してみましょう。

❖ **ワーク2−1の外在化の例：モミジさんの場合**

ゴミ出しのときによく会う
近所のおばちゃん

　　　　　　　　　　　バイト先の先輩

　　　　　　　　　よく行くコンビニのお兄さん
　　　　　　　　　（ちょっとかっこいい）

ベランダによく飛んでくる鳩
（同じ鳩かどうかは不明）

　　　　　　　　たまに電話で話すいとこの女の子

近所のパン屋さんのおじさん
（いつも元気がいい）

　　　　　　　　　ときどき行く美容院の美容師さん
　　　　　　　　　（お姉さんみたい）

レッスン **2** 相談できる人を探しましょう

❖ **ワーク2－1の外在化の例：ナミコさんの場合**

会社の守衛さん	トモコ（友だち）
隣の課の課長	マユ（友だち）
会社で掃除をしてくれる人	Tさん（カフェのマスター）
社食のレジのお姉さん	Eさん（別のカフェのマスター）
K駅の駅員さん	Wさん（マッサージ師）
交番のおまわりさん	フェイスブックの友だち
スーパーTのおばちゃん	ブログをフォローしているNさん
同じ課のサキちゃん	実家の犬（るんちゃん）
同じ課のマモル君	育てているハーブ
課長補佐のSさん	テニスの先生

❖ **ワーク2−1の外在化の例：タクヤさんの場合**

・A君・・・インターネットのゲームで知り合った人

・B君・・・インターネットのチャットでときどき話す人

・C君，D君，E君・・・ツイッターの知り合い

・メンタルクリニックの受付のおねえさん

・メンタルクリニックの主治医の先生

・メンタルクリニックの受付でときどき顔を合わせる人

・近所のかかりつけ医

・薬局でアドバイスをくれる薬剤師のおばさん

・たまに行く定食屋のおじさん

「ワーク2−1」をやってみていかがでしたか？　最初は「そんな人はいない」「そんな人，思いつけない」と思っても，しばらく考えたりイメージしたりしているうちに，「あいさつやちょっとした話ができる人」「たまに顔を合わせて会釈をする人」「ときどき見かける動物や植物」がいくつか思い浮かんだのではないでしょうか。これらの存在は，それ一つだけでは大きな助けにはならないかもしれません。しかし，こういうちょっとした存在も数多く挙げてみて，さらに外在化してみると，「それなりの支えになっているのかも」「小さいことでもまとめてみると，サポート資源としてあなどれない」と思いませんか？

　せっかくなので，モミジさん，ナミコさん，タクヤさんの例を見ておきましょう。モミジさんは，フリーターの女の子です。大学にうまく適応できず，退学したばかりで元気のない状態でした。しかし「ワーク2−1」で身の回りにいる誰かとのささやかな関わりを外在化してみると，意外にいろいろと思い浮かび，書き出せることに気づき，驚きました。「学校を辞めちゃっても，自分にはまだまだいろいろなサポートがあることに気づいた」「鳩だって私にとっては大事な存在なんだ」というのがモミジさんの感想です。バリバリと働いている会社員のナミコさんは，こういうささやかな関わりを見つけるのがとても得意なようで，たくさんの項目を挙げてくれました。ナミコさんはそもそも，誰かとちょっとした関わりを持つのが得意な人かもしれません。駅員さんやおまわりさんやスーパーのおばちゃんとも顔見知りになれるのです。そういう人は「ワーク2−1」のシートがいっぱいになったことでしょう。タクヤさんは長い間ひきこもりを続けている20代の男性です。「自分は誰とも関われていない」と言っていましたが，インターネットの世界での知り合いや通院中の医療スタッフなど，9人もの存在を外在化することができました。ひとりぼっちで生きているように感じられても，実際には誰かとちょっとした関わりを持つことができていることが，タクヤさんはこのワークを通じて実感できたようです。

　皆さんの中でも，たくさんの人や存在を挙げられた人もいれば，「少ししか書けなかった」「全く書けなかった」という人もいることでしょう。後者に当てはまる人は，どうか今の時点でがっかりしないでください。このワークに取り組むときに，そのような人や存在が思いつかなかっただけかもしれません。日常生活で少しこのワークを意識していると，「実はこういう関わりがあった」と気づくこともあるでしょう。そうしたら，すかさずそれを「ワーク2−1」のシート（16ページ）に書き加えてください。「自分にはそういうささやかな関わりさえないんだ。自分は本当にひとりぼっちなんだ」という人も，中にはいるかもしれません。しかし，たとえ今がそうだとしても，がっかりしすぎないようにしてほしいのです。私たちはこれから長い時間をかけて，認知行動療法やスキーマ療法について学んでいきます。これらは机上で学ぶだけのものではなく，学びながら日常生活における皆さんの行動を変えていくものです。認知行動療法やス

キーマ療法を通じて，皆さんの行動に変化が生じれば，人との関わりが新たに生まれたり，これまでの関わりに変化が起きたりします。そのときにこのワークをもう一度やってみましょう。必ずシートに記入できる人や存在の数が増えていることに気づくことでしょう。今は「全く書けなかった」という人は，ぜひ今後の取り組みを通じて，身の回りの人とのささやかな関わりを，少しずつ増やしていきましょう*。

*このように書いたからといって，私は決して「人との関わりは多ければ多いほどよい」と言いたいのではありません。めちゃめちゃ多くなくてもいいのです。人や存在とのささやかな関わりは，ある程度あれば十分です。「全くない」「あまりにも少ない」という人の場合，ある程度増えればいいですね，というぐらいの気持ちでこのように書きました。

レッスン2-2　いざとなったら助けてくれる人や機関を探す

「レッスン2-1」では，会釈やあいさつを交わしたり，ちょっとした話をしたりといった，ささやかな関わりについて考えてもらいましたが，この「レッスン2-2」では，自分が本当に困ったときに誰に相談するか，誰に助けを求めるか，いざというときに誰だったら助けてくれそうか，ということについて考えてもらいます。

「困りごとを誰かに相談する」「困りごとについて誰かにアドバイスをしてもらう」「困ったとき，弱ったときに誰かに頼る」「いざというときに誰かにSOSを出して助けてもらう」というのは，自分が無事生き延びていくうえで大変重要な「技術」です。スキーマ療法のお膳立てやスキーマ療法そのものを通じて，あなたはこれから「自分助け」の技術を磨いていくわけですが，その前に，まずは人に助けを求める技術について，確認しておきましょう。お膳立てやスキーマ療法を実践する長い道のりのあいだには，またたとえスキーマ療法を身につけたとしても，一人ではとうてい乗り越えられない問題や困りごとに遭遇することは必ずあるはずです。そのようなときに必要なのは，自分ひとりで何とかしようともがき続けるのではなく，誰かに助けを求め，人の助けを借りながら乗り越えていくことです。

なお，助けを求めるのは「人」に限る必要はありません。何らかの「機関」「制度」に助けを求めることももちろん可能です。この「レッスン2-2」では，「人」と「機関」に分けて，本当に困ったとき，誰に，あるいはどこに，助けを求めることができるか，確認しておきましょう。

ところで，皆さんの中には，今この本を読みながら，「そもそも私は人に助けを求めること自体が苦手だ。そんなことは私にできるはずがない」「そもそも人は自分のことなんて助けてくれない」「私は人に助けを求めるに値しない人間だ（だから人に助けなんか求めちゃいけない）」など，否定的な思いが渦巻いている人がいるかもしれませ

ん。「助けなんか,求められるのであれば,とっくに求めているよ」「人に助けを求められないから,困っているんじゃないか」「そもそも人は他人のことなんて助けてくれないよ。この著者は何をふざけたことを言っているの!?」といった反発心を抱く人もいるかもしれません。今,私は,皆さんのこのような思いに反論はしません。それぞれの思いには,もっともな理由があるからだと思うからです。

　今,私がそのような方々に対して言えるのは,次の2点です。

1）本書で紹介するスキーマ療法（お膳立てを含む）に取り組んでいただければ,最終的には,人に助けを求めることに対する皆さんのネガティブな思いは,別の方向（多くはポジティブな方向）へと変わっていきます。ですから本書を通じて,様々なワークに粘り強く取り組んでいってください。
2）この「レッスン2」でお伝えしたいのは,"当面の間に合わせ""その場しのぎ"でもよいから,生き延びていくために少しでも助けになる人や機関を,とりあえずかき集めておきましょう」ということです。つまりここで取り組んでいただくワークは,かなり「応急処置」的なものになります。まずは応急処置で生き延びながら,スキーマ療法を少しずつ学んでいただきたいのです。

　ひとまずは,次の「ワーク2-2」に取り組み,外在化にトライしてみましょう。もちろん先に「ワーク2-2の外在化の例」を見て,参考にしていただいても構いません。

ワーク2-2　いざとなったら助けてくれる人や機関

　あなたにとって,困ったときに相談できる人,いざというときに助けを求められる人には,誰がいるでしょうか。「話を聞いてくれる人」「お金を貸してくれる人」「調べものをしてくれる人」「他の誰かを紹介してくれる人」……など,どんな人でも構いません。とにかく困ったときに少しでも何らかの手助けをしてくれそうな人を思い浮かべ,シートに外在化しましょう。「人」について考え終わったら,今度は「相談できる機関」「助けてくれそうな機関」についても同様に考え,外在化してみましょう。

❖ ワーク2-2の外在化

頭に浮かんだ人や機関を，枠の中に外在化しましょう。

●困ったときに相談したり助けを求めたりできる人

誰？	何の助けになる？	覚え書き

●いざというときに相談したり助けを求めたりできそうな機関

どこ？	何の助けになる？	覚え書き

レッスン **2** 相談できる人を探しましょう

❖ ワーク2-2の外在化の例：リンコさんの場合

●困ったときに相談したり助けを求めたりできる人

誰？	何の助けになる？	覚え書き
お母さん	話を聞いてくれる	でも説教もされる
お父さん	お金を貸してくれる	でも説教もされる
お祖母ちゃん	一緒にいるだけで癒される	遠くにいるのでなかなか会えない
さよちゃん	話を聞いてくれる 相談に乗ってくれる	
りっちゃん	楽しい話をして盛り上がれる	
めぐちゃん	楽しい話をして盛り上がれる	
田村先生（ゼミの先生）	アドバイスをくれる	忙しいのでアポが必要
ジュディ（英会話の先生）	親身に話を聞いてくれる	英語で話さなきゃいけない
佐村さん（バイト先の先輩）	相談に乗ってくれる	片思いの相手♥本当はつき合えたらうれしいんだけど……

●いざというときに相談したり助けを求めたりできそうな機関

どこ？	何の助けになる？	覚え書き
大学のキャリアセンター？	キャリアの相談？	行ったことがない
大学の相談室？	メンタルの相談？	行ったことがない

❖ **ワーク2-2の外在化の例:タロウさんの場合**

●**困ったときに相談したり助けを求めたりできる人**

誰?	何の助けになる?	覚え書き
大木さん	的確なアドバイスをくれる	前の上司(今の上司は使いものにならない)
小野寺さん	健康について相談にのってくれる	会社の保健センターの保健師さん
柏木弁護士	法的な問題について相談にのってくれる	相続でもめたとき、お世話になった

●**いざというときに相談したり助けを求めたりできそうな機関**

どこ?	何の助けになる?	覚え書き
会社の保健センター	健康問題の相談	あまり頻繁に行くとまずい
柏木法律事務所	法的問題の相談	
インターネット	匿名で情報収集ができる	

レッスン**2** 相談できる人を探しましょう

❖ ワーク2−2の外在化の例：カレンさんの場合

●困ったときに相談したり助けを求めたりできる人

誰？	何の助けになる？	覚え書き
田畑さん	一緒にいてくれる	デイケアの仲間
吉永さん	一緒にいてくれる	デイケアの仲間
大木野さん	何でも相談できる	デイケアのスタッフ
寒川先生	診察してくれる	精神科の主治医
吉野先生	話を聞いてくれる	精神科のカウンセラー
乃木さん	笑顔で声をかけてくれる	精神科の受付のおねえさん
中山田さん	いろいろと教えてくれる	精神科の受付のおばちゃん
多田さん	いろいろ世話をしてくれる	家に来るヘルパーさん
木ノ内さん	いろいろ世話をしてくれる	家に来るヘルパーさん
三木さん	本当に困ったら泣きつく人	ケアマネさん
両親	いざとなったら助けてもらう	最後のとりで

●いざというときに相談したり助けを求めたりできそうな機関

どこ？	何の助けになる？	覚え書き
みうら病院	デイケアと治療	
包括支援センター	生活とお金の相談	
市役所のいろんな課	いろいろと相談できる	
交番	困りごとの相談	
いのちの電話	いざというときに使う	電話がつながりづらい
警察署	いざというときに駆け込む	
ひまわりカフェ	いろいろと相談できる お金の相談もできる	前に通っていた作業所のカフェ
将棋サークル	みんなが親切にしてくれる	調子が悪いので、今は行っていない

「ワーク2-2」をやってみていかがでしたでしょうか。24～26ページに挙げた3人の例もヒントになったかと思います。リンコさんは，大学生で，相談したり助けを求められる「人」としては，家族や友人，先生や先輩など，大勢の人の名前を外在化しました。一方，「機関」については，「あんまり"機関"に助けてもらうって考えたことがなかった」とのことで，かろうじて大学内の2つの機関を候補として挙げました。

会社員のタロウさんは，「僕は人に頼りたくない人間なので，少数精鋭で」ということで，3人の名前を挙げ，さらに「機関」としては，会社の保健センターと以前に世話になった弁護士事務所を挙げました。その後，「そうだ！ インターネットがあった。インターネットなら誰にも頼らず，いろいろ調べられるから」ということで，「機関」の表に書き足しました。「インターネットって"機関"なのだろうか？」と疑問に思う人がいるかもしれませんが，いいのです。厳密に考える必要はありません。「頼りになる」「助けになっている」ということであれば，何を挙げてもよいのです。

最後に紹介したカレンさんは，慢性的な精神疾患を抱え，現在デイケアに通いながら治療を続け，リハビリをしている女性です。彼女は「人」も「機関」もたくさん挙げてくれました。このワークをやってみて，「今，あんまり調子がよくなくて，生活の範囲が狭いなあと思っていたけれど，狭いながらも助けてくれる人とか機関って，いっぱいあるんだなあと思った」と感想をおっしゃっていました。私から見るとカレンさんはたいそう「相談上手」な人で，市役所の職員さんや交番のおまわりさんにも困りごとをもちかけて，有益なアドバイスやサポートを引き出しているようです。とはいえ，さきほども述べたとおり，外在化された「人」や「機関」が多ければ多いほどよい，ということではありませんので，カレンさんとご自分を比べたりしないでくださいね。

◆ワンポイントレッスン

さて，ここでワンポイントレッスンです。「人に助けを求めるのが苦手だ」という人だけ読んでください。今日からできる，誰かに相談したり助けを求めたりするときのコツを6つ挙げてみます。ぜひ参考にしてください。

1）何に困っているのか，どんな助けが欲しいのか，ということを予めメモにしておく。
2）一回の相談につき，相談事は一つに絞る。一度に多くを相談しすぎない。
3）時間を区切る。「30分できりあげる」とか，自分の中で時間を決めておく。
4）結果や効果にこだわらず，助けを求めようとした自分をほめる。
5）結果や効果にこだわらず，「相談に乗ってくれる相手がいた」という事実を認識する。
6）助けを求める行動は粘り強く続ける。一回であきらめない。誰かに相談してイマイ

チだった場合，そこで終わりにせず，次の誰か（やどこか）に相談する。「3人に相談してダメだったけれども，4人目で助かった」なんてことはざらにあります。あきらめないで。

◆公的機関を活用しよう

身の回りに相談できる人（や機関），助けてくれる人（や機関）がすでにたくさんあるという人は，それで十分だと思いますが，残念ながらそういう人や機関がほとんどないという人は，とにかく公的機関を活用してください。たとえば市役所や町役場といった役所・役場。地域の保健所や保健福祉センター。ハローワーク。福祉事務所。警察署。交番。公立病院。その他……。そこで直接助けてもらえなくても，どこかにつないでもらえることがよくあります。あきらめず，助けが必要であることを，とにかく誰かに伝えてみてください。

◆「お返し」は回復してからでよい

こういう話をすると，ときどきいらっしゃるのが「私自身は今弱っていて，誰かを助けてあげることができない。そんな私が人から助けてもらうばかりでいいのか」「お返しもできないのに，一方的に助けてもらうなんてできない」という心優しき人です。「お返し」というのは，とても素敵な言葉ですし，何かをしてもらったときに「そのお返しがしたい」と思うのはごく自然な人間らしい気持ちだと思います。しかし，お返しはすぐにしなければならないものではありません。特にこころが弱っているときに，誰かから何らかの手助けを受けたからといって，それに対してすぐにお返しをするというのは，大変難しいと言わざるを得ませんし，無理してお返しをするのは，かえってあなた自身のこころを弱らせてしまいます。お返しは後からでいいじゃないですか。こころが弱っているときは，誰かからの助けをたくさんもらって，もらって，もらいまくって，回復して元気になったら，そのときにあなたに助けを求めてきた誰かを助けてあげればよいのです。そうやって順繰りに助け合いながら，人はこれまで生きてきたし，これからも生きていくのではないでしょうか。

レッスン2-3　イメージするだけでこころがあたたかくなる人を探す

さて，「レッスン2-1」では，ちょっとしたあいさつやおしゃべりができる人，その次の「レッスン2-2」では，助けてくれそうな人や機関について考えてみました。いずれも「実在する人（機関）」を考えてもらったのですが，この「レッスン2-3」で

は，実在するかしないかはさておき，また直接的な知り合いであるかどうかも気にせず，あなた自身のイメージを使ってワークをします。具体的には，頭の中でイメージするだけで，あなた自身のこころがあたたかくなったり，ホッとしたり，安らかになったり，元気になったり，勇気づけられたりする人を挙げてもらいます。イメージするのは誰でも構いません。すでに亡くなった人でもいいですし，好きな芸能人やスポーツ選手でも構いません。小説や映画や漫画やアニメに出てくる架空の人物やキャラクターでもよいのです。とにかくその人をイメージすると（もちろん人以外でも OK ですよ。動物でもロボットでもなんでも OK），あなたのこころに何かよい反応が起きる。それだけが基準です。ではワークに取り組んでみましょう。

ワーク2-3　　イメージするだけでこころがあたたかくなる人

（このワークは目を閉じて行いましょう）イメージするだけで，あなた自身のこころがあたたかくなったり，ホッとしたり，安らかになったり，元気になったり，勇気づけられたりする人（人以外でも OK）は，誰ですか？　誰を（何を）イメージすると，あなたのこころによい反応が起きますか？

❖ ワーク2-3の外在化

イメージするだけで，あなたのこころによい反応を起こす人（やその他の存在）を枠の中に外在化してみましょう。

❖ **ワーク2−3の外在化の例：リュウタさんの場合**

```
          佐々岡先生（大学時代のゼミの先生）

                          イチロー選手，カズ選手，野茂英雄

      戦国武将（山内一豊とか）

                          三国志の登場人物（趙雲とか）

      みゃあちゃん（飼い猫）
```

❖ **ワーク2−3の外在化の例：ウメヨさんの場合**

```
   もちろん今の彼氏      彼氏のお母さん（本当のお母さんみたい）

   奈々ちゃん・真理ちゃん（なかなか会えない地元の親友）

   死んだじいちゃんとばあちゃん

   ぴーちゃん（昔田舎で飼っていたインコ。もう死んじゃったけど）

   よくみかける駅員のお兄さん（イケメン）

   ドラえもん        アンパンマン        ちびまるこちゃん
```

「ワーク2−3」をやってみていかがでしたか？ リュウタさんとウメヨさんの例でも示したとおり、このワークはイメージを自由に使って行ってもらえるものです。リュウタさんはイチロー選手と直接の知り合いではないし、現実場面で本当にイチロー選手に何か手助けをしてもらえるわけではないけれども、イチロー選手を頭の中でイメージす

るだけで，めげそうな気持ちが少しシャンとしたり，勇気が湧いてきたりするのだそうです。ウメヨさんも同じです。すでに亡くなった祖父母に会えるわけではないけれども，自分をかわいがってくれた「じいちゃん」「ばあちゃん」のことを思い出すと，それだけでこころがほっこりと温かくなるのだそうです。また，ドラえもんとかアンパンマンなど，昔見ていたアニメのキャラクターを想像すると，少し楽しい気持ちになるということでした。このように私たちのイメージは自由です。そして現実の世界で誰かと接することは私たちにとっておおいにサポートになりますが，イメージの世界で誰かを思い浮かべることも，十分な「こころのサポート」になりうるのです。

レッスン2-4　サポートネットワークを外在化する

さて，長かった「レッスン2」も，この「レッスン2-4」で最後です。「レッスン2-3」まで取り組んで「もうくたくたに疲れてしまったよ！」という方は，無理にこのまま「レッスン2-4」に突入しなくても構いません。一休みしてから，あるいは一晩ぐっすり寝てから，あるいは来週になってから，気を取り直して，この「レッスン2-4」に取りかかりましょう。とはいえ，この「レッスン2-4」のワークは，全然大変じゃありません。今まで取り組んでいただいた「レッスン2-1」「レッスン2-2」「レッスン2-3」のまとめのようなものです。やることは簡単です。「ワーク2-1」「ワーク2-2」「ワーク2-3」で外在化したものを，1枚の紙にまとめるだけです。

冒頭で挙げた「レッスン2」のキーワードは実はただ一つ，「サポートネットワーク」という言葉です。これは「自分を取り巻く様々なサポートをかき集めたもの」とでも理解していただくとよいでしょう。この場合のサポートは「現実生活での具体的なサポート」も「心理的なサポート」も両方含みます。皆さんには，すでに「ワーク2-1」「ワーク2-2」「ワーク2-3」で個別のサポートを複数挙げてもらっています。それを1枚にまとめれば，それは即「サポートネットワーク」を外在化したシートとして活用できます。

では，早速ワークに取りかかりましょう。

ワーク2-4　「私のサポートネットワーク」

サポートネットワークを外在化するためのシートに，「ワーク2-1」「ワーク2-2」「ワーク2-3」で挙げた，様々な人や機関や動物やキャラクターをどんどん書き入れていってください。書きながら新たに誰かや何かを思いついたら，それもどんどん書き込んでいってください。

❖ **ワーク2−4の外在化**：サポートネットワークを外在化するためのシート

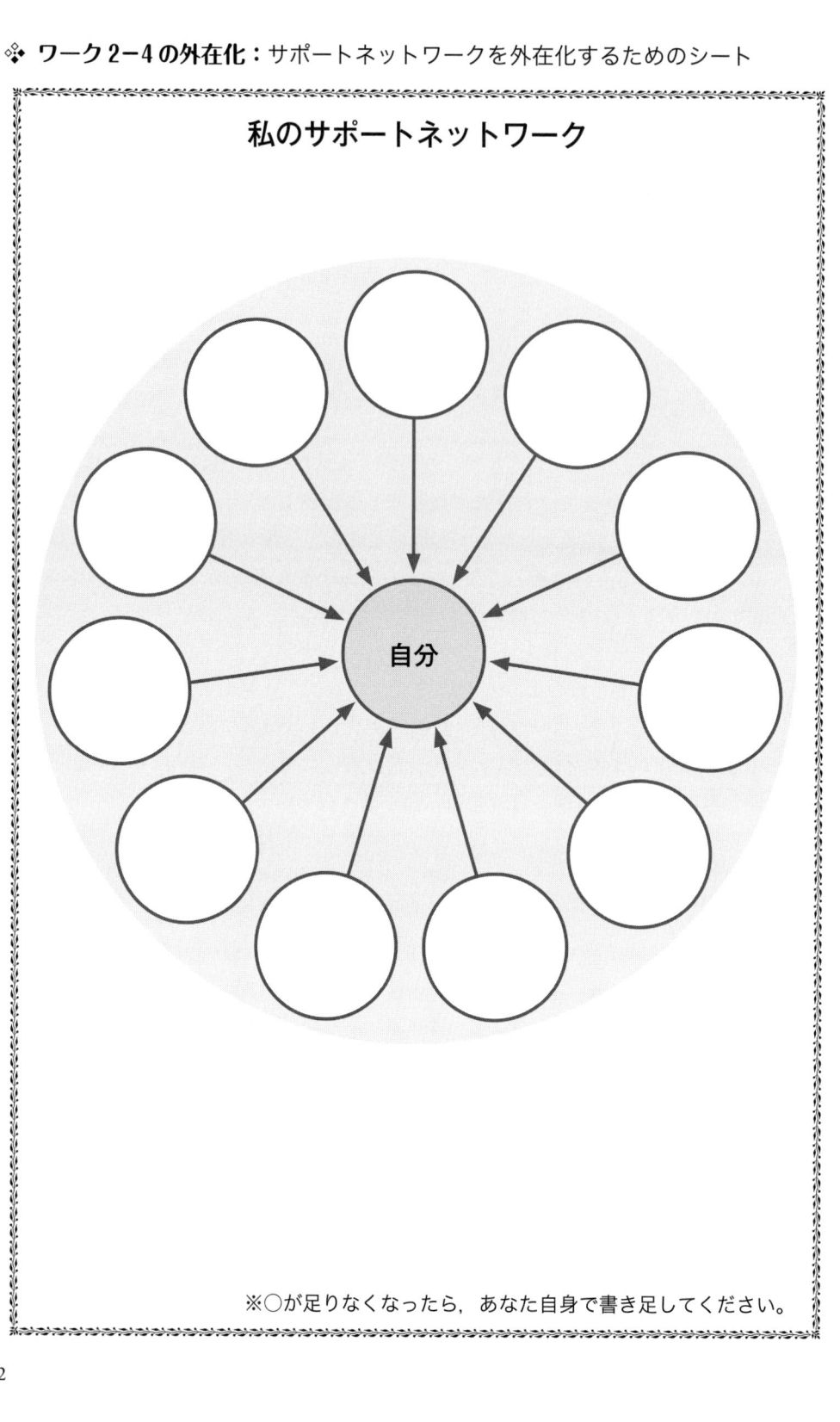

私のサポートネットワーク

（中心に「自分」と書かれた円があり、その周りを12個の空白の円が囲み、それぞれから「自分」に向かって矢印が伸びている）

※○が足りなくなったら，あなた自身で書き足してください。

ワーク2-4の外在化の例を，一人分だけご紹介しましょう。

❖ **ワーク2-4の外在化の例**：ホナミさんの場合

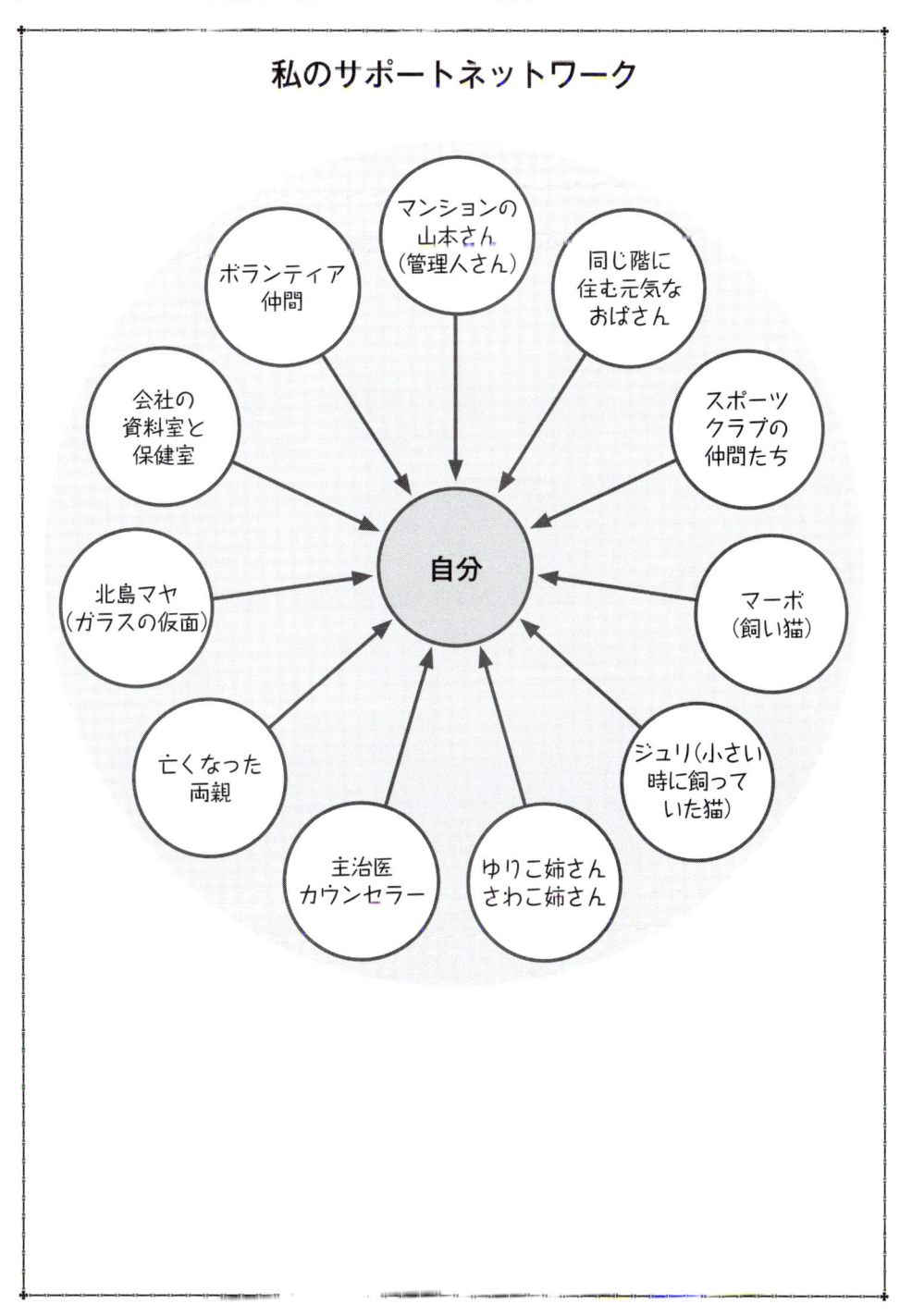

私のサポートネットワーク

- マンションの山本さん（管理人さん）
- 同じ階に住む元気なおばさん
- スポーツクラブの仲間たち
- マーボ（飼い猫）
- ジュリ（小さい時に飼っていた猫）
- ゆりこ姉さん さわこ姉さん
- 主治医 カウンセラー
- 亡くなった両親
- 北島マヤ（ガラスの仮面）
- 会社の資料室と保健室
- ボランティア仲間

→ 自分

レッスン **2** 相談できる人を探しましょう

ホナミさんは，孤独感や気持ちの落ち込みを訴えて，メンタルクリニックに通い，「うつ病」と診断され，薬物治療とカウンセリングを受けていました。ホナミさんは，「ワーク2−1」「ワーク2−2」「ワーク2−3」を行った後に，カウンセラーと共に「ワーク2−4」を行ってサポートネットワークのシートを作ってみました。それが33ページに挙げたシートです。

　ホナミさんは現在，一人暮らしで，会社勤めをしており，恋人と別れたばかりの独身女性です。ご両親はホナミさんが10代のときに相次いで亡くなり，年の離れたお姉さん2人はそれぞれ結婚して自分の所帯を持っており，現在，会社やプライベートで親しい人がおらず，「自分はとにかく孤独なんだ。孤独すぎて死にそうなんだ」と嘆いておられました。そのホナミさんが，サポートネットワークシートを作ってみて，次のような感想を述べました。「確かに今，私は孤独だけれども，ちょっとした間柄の人や，この世にいない人，漫画のキャラクターも"サポートネットワーク"に入れていいと教わり，『へー，そうなんだ！』とちょっと新鮮に感じました。実際にこうやってシートに外在化してみると，今はこの世にいない両親も，遠くに住む姉たちも，こころの支えにはなっているし，そんなに深いつき合いでなくても，いろいろな人と関わっていることがわかりました。これで孤独感が消えてなくなるわけではないけれども，死にそうなほど孤独でもないのかな，と思いました」

　皆さんの感想はいかがでしょうか？　ホナミさんのように，すべての空欄が埋まらなくても構いません。それでもたいていの人は，いくつかの欄に，何か記入できたのではないですか？　これが現在のあなたのサポートネットワークです。外在化したシートを眺めてみて，どのように感じますか？　ホナミさんと同様，「こうやって書き出してみると，私にもそれなりのサポートネットワークがあるんだなあ」「私も結構いろんな人にサポートしてもらえているんだなあ」と感じた方は，ぜひご自分のサポートネットワークを大事にし，自分が周囲からサポートを受けていることを感じ続けてください。そしてこころがつらくなったら，外在化した「ワーク2−4」（32ページ）を見直すようにしましょう。見直すだけであたたかい気持ちになって，こころが少し元気になる場合もあれば，実際に誰かにサポートを求める際のヒントとして活用できる場合もあるでしょう。

　一方，外在化した「ワーク2−4」を眺めてみて，「あまりにもサポートが少ない」「私は誰からもサポートしてもらえていない」と感じてつらくなってしまった方は，決してそのことに落ち込んだり絶望したりせず，少ないサポートの中で自分が生き延びていることにまず自分をねぎらいましょう。そしてこの「レッスン2」を参考にして，ゆっくり少しずつで構わないので，ご自分をサポートしてくれる人や機関を増やしていきましょう。前にも書きましたが，この本を通じてスキーマ療法に取り組むことで，人にサポートを求めたり，人からサポートを受けたりすることが，確実に上手になるはず

です。ですから今はあきらめず，絶望せず，少しずつサポートを増やしながら，粘り強くスキーマ療法に取り組んでいきましょう。応援しています！

レッスン2のまとめ

1) 自分を取り巻く「サポートネットワーク」について思いをめぐらせ，外在化することが，役に立つ場合があります。
2) 「サポートネットワーク」を外在化する際には，「ちょこっとあいさつできる人」から「いざというときに助けを求められる人（機関）」まで，幅広く考えてみましょう。
3) 実在しない人や直接関わりのない人，そして動物やキャラクターも「サポートネットワーク」に含めることができます。
4) スキーマ療法に取り組むなかで，サポートを見つけたり，人にサポートを求めたりすることが，さらに上手になっていきます。

Homework レッスン2のホームワーク

1)「サポートネットワーク」という言葉を覚えておきましょう。
2)「ワーク2-4」で外在化した「サポートネットワーク」(32ページ)を何回か眺めてみましょう。新たなサポートが見つかったら，シートに書き足しましょう。
3)「スキーマ療法への取り組みが進むと，そのうち今よりもっと上手にサポートを見つけたり求めたりできるらしいよ」ということを，ときどき自分に言ってあげてください。

レッスン3 上手に自分を助けましょう
——セルフケアのために認知行動療法を活用する

🦫 レッスン3で何をするか

　この「レッスン3」も,「レッスン2」と同じくスキーマ療法のお膳立てです（前にもお伝えしたとおり,「レッスン6」まで, 延々とスキーマ療法のお膳立てが続きます。めげずについてきてくださいね）。「レッスン2」では, サポートネットワークについて考えてもらいましたが, いよいよこの「レッスン3」からは, あなた自身のセルフケアについて考えたり, ワークをしたりします。セルフケアとは, 自分で自分を上手に助ける, という意味です。本格的なスキーマ療法に入る前に, まずあなた自身のセルフケア（自分助けの技術）を高めておいてもらいたいのです。

　セルフケアをするというのは, 言い換えると自らのストレスをよりよく理解し, ストレスとうまくつき合う, ということです。生きていれば誰にでもストレスはあります。そのストレスにやられっぱなしになってしまうと, 結果的にこころも身体もよくない状態になることが知られています。一方, 自分のストレスのありようを具体的に理解し, こころや身体に生じる様々なストレス反応に対処できれば, ストレスに一方的にやられっぱなしになることを防ぐことができますし, そのような対処の経験によって, むしろ心身の健康度が高まっていくことも知られています。

　ではどうすれば自らのストレスのありようを理解し, ストレスに対処できるようになるのでしょうか。そのために非常に役に立つアプローチとして「認知行動療法（Cognitive Behavior Therapy：CBT）」という心理学的手法があります。認知行動療法を理解し, 身につけることで, ストレスとのつき合い方が上手になり, ひいてはセルフケア＝自分助けが今よりもさらに上手になることができます。認知行動療法は, ストレスとつき合うために有効な手法であることが科学的・実証的にも示されており, 現在, 世界中で広く用いられています。本書では, まずこの認知行動療法を皆さんにある程度身につけてもらい,「セルフケア＝自分助け」のレベルアップをしてもらってから, スキーマ療法に入ってもらう, という構成になっています。ただし, 本書の目的はあくまでもスキーマ療法ですから, 認知行動療法については詳細な解説やワークは行いません。「もっと

認知行動療法自体を深く知りたい」「スキーマ療法に入る前に,認知行動療法をしっかり身につけたい」という方は,参考図書を挙げますので,そちらを参照してください(44ページ)。

「レッスン3」に話を戻しましょう。この「レッスン3」では,認知行動療法の解説を行います。皆さんにはこの解説をお読みいただき,「ふーん。認知行動療法って,名前はとっつきにくくて難しそうだけど,こういうことなんだ」「認知行動療法って,意外に面白そうだなあ。試してみてもいいかも」という感じで,なーんとなく理解していただければ,それで十分です。「なーんとなく」でいいのです。次の「レッスン4」から「レッスン6」までは,認知行動療法について具体的なワークに取り組んでもらいます。そこで認知行動療法の実際の「使い心地」について実感できると思いますので,この「レッスン3」では,少々退屈かもしれませんが,認知行動療法についての解説を読んで,「なーんとなく」のイメージをつかんでください。

> 🔑 レッスン3のキーワード ▶ ストレッサー(ストレス状況),ストレス反応,セルフケア(自分助け),認知行動療法の基本モデル,コーピング,ストレスの観察と理解

※注意!…この「レッスン3」には書き込み式のワークがありません。以下の解説をお読みいただくのがそのままワークになります。以下の解説は,できれば「声に出して」読んでみてください。文字を目で追うだけでなく,声に出して文章を読むと,さらに頭に入りやすくなるからです。蛍光ペンなどを使って,「なるほど」「ここは覚えておきたい」といった箇所に印をつけるのもよいでしょう。

レッスン3-1　ストレスとは

　自分のストレスについて考えるときは,次の図(図3-1)のように「ストレッサー(ストレス状況)」と「ストレス反応」に分けてみるとよいでしょう。左側の「ストレッサー」とは,あなたにストレスを与えてくる環境的要因(例:部屋が暑すぎる,同居者と話が合わない,仕事がきつい,仕事がなかなか見つからない,恋愛がうまくいかない,など)のことです。右側の「ストレス反応」とは,「ストレッサー」に対してあなたのこころと身体に生じる様々な反応のことをいいます(例:頭が痛い,眠れない,さびしくてたまらない,何をやっても楽しくない,涙が出てくる,悪夢を見る,など)。そして「ストレッサー」と「ストレス反応」の2つのプロセスから成る体験を,「ストレス体験」と呼びます。

レッスン3　上手に自分を助けましょう

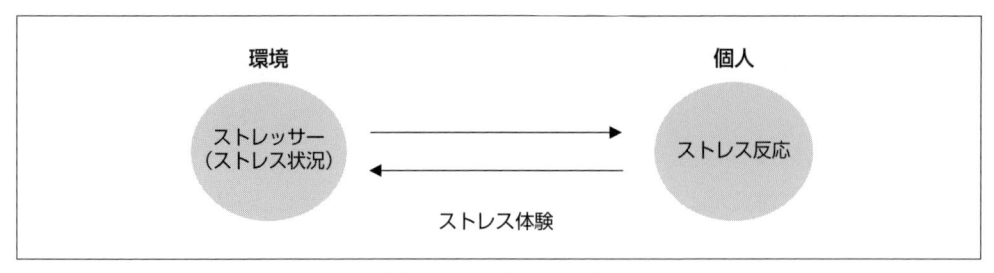

図3-1　ストレスとは

レッスン3-2　ストレスコーピングとは

　「ストレスコーピング」や「コーピング」とは，「ストレス体験に対する意図的な対処のプロセス」のことをいいます。すなわち上記のストレッサーやストレス反応に対して，何らかの対処法を意図的に行った場合，それを「ストレスコーピング」「コーピング」と呼びます（図3-2）。

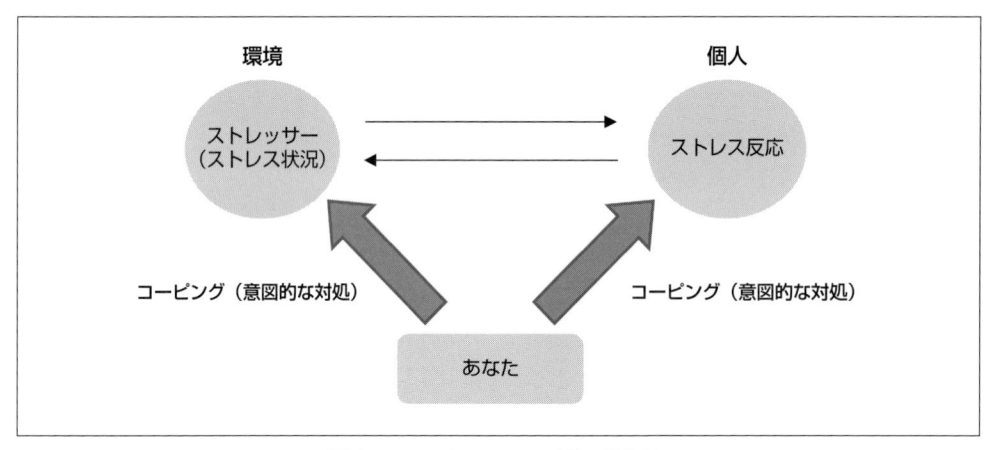

図3-2　ストレスコーピングとは

　生きていればストレス（ストレッサーやストレス反応）は必ずあります。ストレスを感じるというのは，むしろ生きている証拠であるともいえます。重要なのは，自分のストレスを自覚・理解したうえで，それに対してコーピング（意図的な対処）を行い，自分で自分を助けようとし続けることです。

レッスン3-3　認知行動療法とは：基本モデルを理解しよう

さてここで認知行動療法の説明に入ります。認知行動療法では，さきほど紹介した個人のストレス反応を，「認知」「気分・感情」「身体反応」「行動」の4つに分けてとらえます（図3-3）。

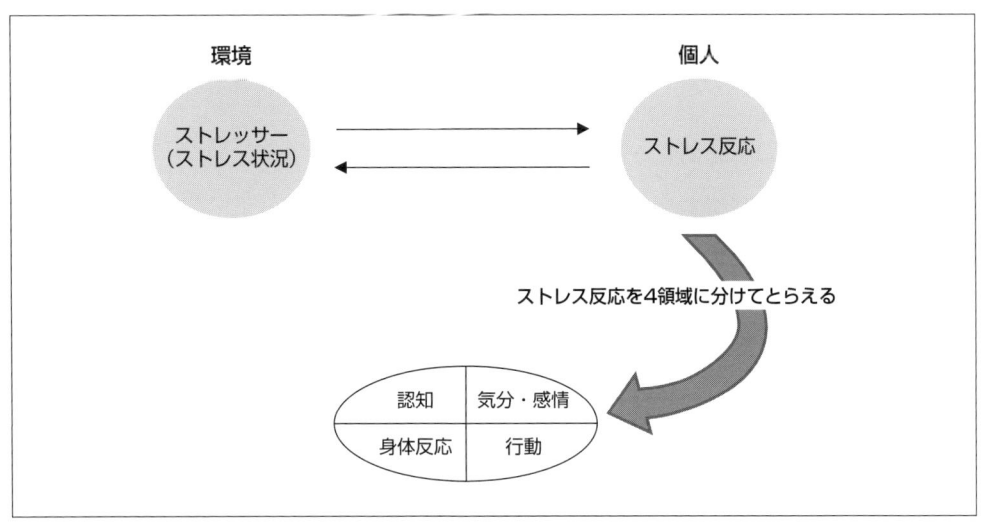

図3-3　ストレス反応を4つに分ける

「認知」「気分・感情」「身体反応」「行動」について，それぞれ簡単に説明します。

★「**認知**」とは頭に浮かぶ考えやイメージのことです。
例：「ああ，いい天気だな，散歩にでも行こうかな」
　　「お金が足りない，どうしよう」
　　「次のお休みには買い物に行こう」
　　「なんで私ばっかりいつもこんな目にあうんだろう」
　　「ああ，このサンドイッチ，とてもおいしいな」
　　「生きていくのって大変」

★「**気分・感情**」とはこころに浮かぶ様々な気持ちのことです。

例： ・うれしい　　・楽しい　　　　・ウキウキする　　・ワクワクする
　　 ・喜び　　　　・いい気分　　　・やる気　　　　　・緊張
　　 ・不安　　　　・心配　　　　　・気がかりだ　　　・気になる
　　 ・苦しい　　　・苦痛　　　　　・不快感　　　　　・落ち着かない
　　 ・落ち込む　　・ゆううつ　　　・イライラする　　・驚き
　　 ・ハッとする　・がっかり　　　・むかつく　　　　・怒り
　　 ・腹立たしい　・うざい　　　　・悲しい　　　　　・つらい
　　 ・さみしい

★「**身体反応**」とは体にあらわれる様々な生理的現象のことです。

例： ・ドキドキする　　　　・頭が痛い　　　　　　・めまいがする
　　 ・頭がかゆい　　　　　・肩が凝る　　　　　　・くしゃみが出る
　　 ・涙が出る　　　　　　・手足が震える　　　　・手足に汗をかく
　　 ・脇の下に汗をかく　　・手足が冷たくなる　　・頭に血が上る
　　 ・お腹が痛い　　　　　・胃が痛い　　　　　　・胃が重い
　　 ・歯が痛い　　　　　　・下痢をする　　　　　・眠れない
　　 ・息が苦しい　　　　　・のどがかわく　　　　・生理痛がする

★「**行動**」とは外から見てわかるその人の動作，振る舞いのことです。

例： ・歩く　　　　　　　　　　・座る　　　　　　　　　　　　・右手を挙げる
　　 ・大声で叫ぶ　　　　　　　・「ちょっとこっち来てよ」と言う　・本を読む
　　 ・本のページをめくる　　　・チョコレートをかじる　　　　・ガムを噛む
　　 ・目を閉じる　　　　　　　・横になる　　　　　　　　　　・首をかしげる
　　 ・電話をかける　　　　　　・かかってきた電話を取る　　　・メモを取る
　　 ・深呼吸する　　　　　　　・ため息をつく　　　　　　　　・質問する
　　 ・質問に答える　　　　　　・質問を無視する　　　　　　　・相手をにらむ
　　 ・相手に微笑む　　　　　　・歯を磨く　　　　　　　　　　・テレビを見る
　　 ・メモを取る　　　　　　　・メールを読む　　　　　　　　・メールを送る
　　 ・送られてきたメールを保存する　・送られてきたメールを消去する　・水を飲む
　　 ・缶コーヒーを握り締める　・缶コーヒーを飲む　　　　　　・飲み終わった缶を捨てる

　以上が「認知」「気分・感情」「身体反応」「行動」それぞれについての説明でした。さきほど述べたとおり，認知行動療法では，ストレス反応をこの４つの領域に分けて捉えようとします。それを認知行動療法の基本モデルとして図３－４に提示します。

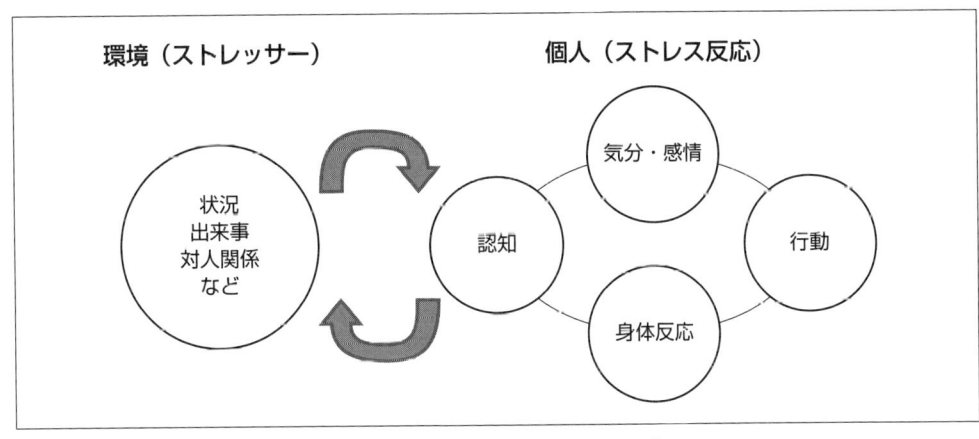

図3-4 認知行動療法の基本モデル

レッスン 3-4 なぜ「認知行動療法」と呼ぶのか

　認知行動療法の基本モデルは，「環境」「認知」「気分・感情」「身体反応」「行動」の5つの要素からなります。なのになぜそこから「認知」と「行動」だけを選んで「認知行動療法」というのでしょうか。

　実はこれら5つのうち，先に示した「コーピング（意図的な対処）」が可能なのが，「認知」と「行動」だからです。私たちは「環境」「気分・感情」「身体反応」の3つは，好きなように変えることができません。これら3つは直接コントロールすることができないのです。それに比べて，認知と行動は，自動的に出てくるものもありますが，自分で生み出したり工夫したり選んだりすることができます。たとえばじゃんけんをするとき，私たちはとっさに頭の中で「グーを出そう」と決め（認知），実際にグーを出す（行動）ことをします。レストランに行って，「今日はカレーライスを食べようかな」と考え（認知），お店の人に「カレーライスをください」と言う（行動）ことができます。私たちは，ストレスとなる体験をしたときに，認知と行動を工夫したり対処したりすること（＝コーピング）によって自分を上手に助けることができるようになります。「認知行動療法」という言葉には，そういう意味がこめられています。

工夫や対処が可能

レッスン3-5　ストレスの観察と理解が何よりも大事

「認知行動療法では認知と行動のコーピングをして自分を助ける」と書きましたが、そのまえに重要なのは、自分のストレス体験を観察し、何が起きているのかをよーく理解することです。何が起きているのか、どうなっているのかが理解できてはじめて、どのようなコーピングが役に立ちそうか、選べるようになります。

したがって認知行動療法は、必ず次のような手順で進められます（図3-5）。

〈ステップ1〉
ストレス体験を、認知行動療法のモデルを使って観察し、理解する

→

〈ステップ2〉
認知と行動のコーピングによって、自分を助ける

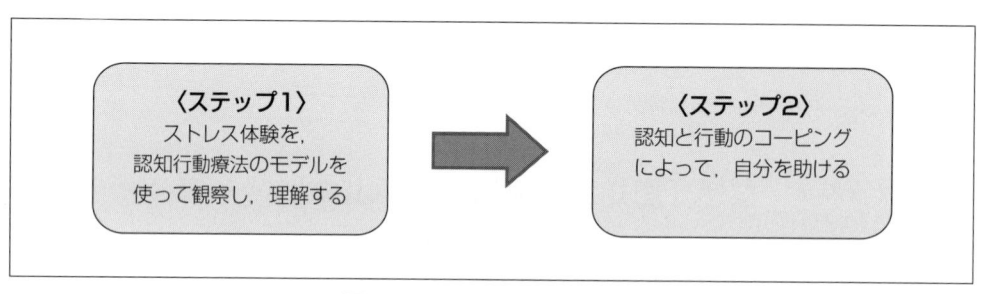

図3-5　認知行動療法の手順

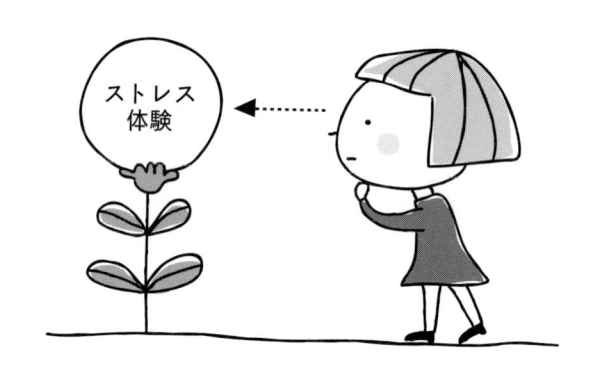

レッスン3-6　さあ、あとは練習です！

さて、ここまでお読みいただき、認知行動療法について「なーんとなく」のイメージを持つことができたでしょうか。ここまで解説してきたことの要点を以下に挙げます。これらの要点が「なーんとなく」理解できれば、このレッスンはこれで終了です。「なーんとなく」でいいのですよ（しつこい！）。

- ストレスは「ストレッサー」と「ストレス反応」に分けて考えることができる。
- ストレス（ストレッサーやストレス反応）に対する「意図的な対処」のことを「ストレスコーピング」「コーピング」と呼ぶ。
- 認知行動療法では，ストレス反応を「認知」「気分・感情」「身体反応」「行動」の4つに分けてとらえる。それを「基本モデル」と呼ぶ。
- 基本モデルのうち，「認知」と「行動」はコーピングが可能だから（言い換えると，「環境」「気分・感情」「身体反応」は直接コーピングができない），「認知行動療法」という名前がついている。
- 認知行動療法は，2つのステップから成る。ステップ1は「ストレスの観察と理解」，ステップ2は「コーピングの実施」である。コーピングの前に，ストレスを観察し，理解することが重要である。

　さあ，以上の要点を「なーんとなく」理解したうえで，次の3つのレッスン（「レッスン4～6」）では，認知行動療法の基本的なスキルを練習してもらいます。認知行動療法は自分助けのスキルの集合体です。次の「レッスン4」では，「セルフモニタリング」というスキルについて，さらに次の「レッスン5」では，「マインドフルネス」というスキルについて練習してもらいます。この2つのスキルはとてもシンプルなのですが，認知行動療法において最も重要かつ効果的なスキルです。スキーマ療法のお膳立ての最後のレッスンである「レッスン6」では，コーピングについてワークや練習を行ってもらい，皆さんのコーピングスキルをレベルアップしてもらいます。

　さて，皆さんはすでにお気づきかと思いますが，「練習」という言葉が何度も出てきましたね。認知行動療法のスキルを身につけるにあたって最も重要なのは，繰り返し練習することです。でもこれって認知行動療法に限ったことではありませんよね。何かを身につけるには，必ず繰り返しの練習が必要で，少しずつ，繰り返し練習することによって，私たちはその何かを少しずつ自分のスキルとして使えるようになるはずです。たとえば，携帯電話やスマートフォンの操作，パソコンのキーボードのタイピング，車の運転，楽器の演奏，料理，掃除，洗濯，スポーツ，外国語のコミュニケーション，機械の操作……何でもそうです。もちろんスキーマ療法だって同じです。

　「練習」と聞くと，「自分に続けられるのかなあ」「練習って面倒くさそうだなあ」と思う人もいるかもしれませんが，本書では無理のないような，ちょっとしたワークを続けるうちに，様々なスキルが徐々に身につくよう，できるだけ工夫を凝らしていきますので，とりあえず一つ一つのワークに取り組んでいってください。様々なワークに取り組んでいるうちに，それが自然な形の練習となって，「気づいたら，いろいろなスキルが身についていた」という感じになるよう本書は構成されています。安心してください。

◆**参考図書**

　認知行動療法についてもう少し詳しくお知りになりたい方は，以下の書籍を参考にしてみてください（私の本もちゃっかり入っています）。

- 大野裕（著）『こころが晴れるノート：うつと不安の認知療法自習帳』2003年，創元社
    →薄くて，安くて，気軽に取り組めるワークブックです。
- 大島郁葉，安元万佑子（著）『認知行動療法を身につける：グループとセルフヘルプのためのCBTトレーニングブック』2011年，金剛出版
    →しっかりと認知行動療法について学び，ワークをしたい，という人にぴったりのワークブックです。
- 伊藤絵美（著）『ケアする人も楽になる認知行動療法入門 BOOK1 & BOOK2』2011年，医学書院
    →様々な当事者の事例をストーリーのように読みながら，認知行動療法の基本的な考え方やスキルが身につけられる本です。

　3冊，参考図書を挙げましたが，今やたくさんの認知行動療法の本が出版されています。書店で直接手に取ったり，インターネットで調べたりしながら，自分の好きな本を選んで，さらに学んでもらえればよいのではないかと思います。

レッスン3のまとめ

1) スキーマ療法のお膳立てとして，認知行動療法の基本的なスキルを身につけて，「セルフケア＝自分助け」のスキルをレベルアップしておくとよいでしょう。
2) 認知行動療法の基本モデルを使って，ストレス体験（ストレッサーとストレス反応）を理解することができます。
3) ストレス体験を観察，理解したうえで，コーピング（意図的な対処）をすることで，ストレスと上手につき合えるようになります。
4) 繰り返しの練習によって，認知行動療法のスキル（セルフモニタリング，マインドフルネス，様々なコーピング）を身につけることができます。

Homework レッスン3のホームワーク

1)「レッスン3」のおさらいをします。「レッスン3」の文章を声に出して何回か読んでみましょう。
2) 日常生活でストレスを感じる体験があったら（多かれ少なかれ，必ずあるはずです），それに気づき，以下の枠の中に外在化しておきましょう。これが次の「レッスン4」のネタになります。なお，書き方も量も自由にどうぞ。メモ書き，走り書き程度でも構いませんし，びっしりと様々な情報を外在化してもらっても構いません。

ストレス体験

レッスン **3** 上手に自分を助けましょう

レッスン4 セルフモニタリングを習慣にしましょう
――「今・ここ」の自分の体験を観察する

🐸　レッスン4で何をするか

　さて，この「レッスン4」も引き続き，スキーマ療法に入るためのお膳立てです。「レッスン3」では，セルフケア（自分助け）のためには，ストレスを理解し，ストレスとうまくつき合う必要があると述べました。そしてそのための有効なアプローチとして「認知行動療法（CBT）」という心理学的手法があることを紹介しました。皆さんにはホームワークで「レッスン3」の内容を何度か声に出して読んでもらっていますので，認知行動療法について，ある程度，なーんとなく，イメージが持てていることと思います。またレッスン3のもう一つのホームワークとして，ご自身のストレス体験を外在化してくれていることと思います。

　前回のレッスンで予告したとおり，これからの3回のレッスン（すなわち「レッスン4」「レッスン5」「レッスン6」）を通じて，皆さんには，認知行動療法の基本的なスキルである「セルフモニタリング」「マインドフルネス」「コーピング」をそれぞれ身につけてもらいます。今回の「レッスン4」のテーマは「セルフモニタリング」です。セルフモニタリングとは，日本語で言うと「自己観察」，すなわち「自分を観察する」という意味になります（「セルフモニタリング」というカタカナ言葉ではなく，「自己観察」という言葉のほうが好きな人は，そちらをお使いくださいね）。「レッスン3-5」で述べたように，ストレスに対処するうえで重要なのは，「自分のストレスを観察し，何が起きているのかをよーく理解すること」です。自らのストレス体験をしっかりと観察し，理解できてこそ，適切なコーピング（「意図的な対処」という意味でしたね！）を選ぶことができるからです。あまりにも重要なので，「レッスン3-5」で示した，認知行動療法の手順を表した図を，ここでもう一度提示します（図4-1）。

```
┌─────────────────────┐      ┌─────────────────────┐
│  〈ステップ1〉      │      │  〈ステップ2〉      │
│  ストレス体験を,   │  ⇒  │  認知と行動のコーピング│
│  認知行動療法のモデルを│      │  によって,自分を助ける│
│  使って観察し,理解する│      │                     │
└─────────────────────┘      └─────────────────────┘
```

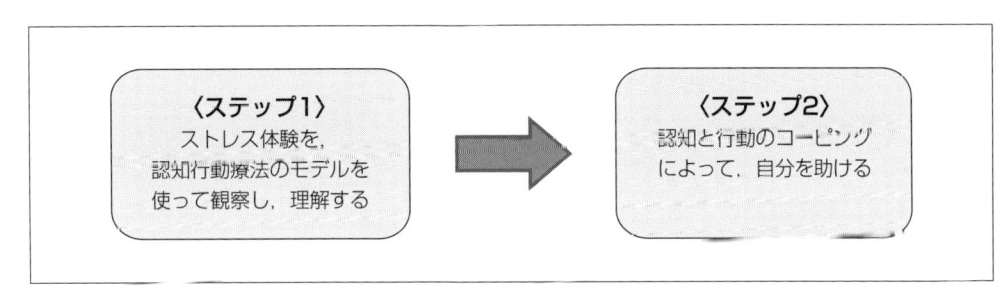

図4−1　認知行動療法の手順

　もうおわかりですね。この「レッスン4」では，認知行動療法の2つの手順のうち，図の左側の「ステップ1：ストレス体験を，認知行動療法のモデルを使って観察し，理解する」の練習をするのです。ホームワークで外在化したあなた自身のストレス体験が，今日のワークの大事なネタになります。「しまった！　ホームワークをし忘れちゃった！」という方は，今からで構いません。「レッスン3のホームワーク」の外在化の欄（45ページ）に戻って，最近のストレス体験を1つ，外在化しておきましょう。

> 🔑 レッスン4のキーワード ▶ セルフモニタリング（自己観察），ストレス体験，
> 　　認知行動療法の基本モデル，認知，自動思考，
> 　　気分・感情，身体反応，行動，外在化

レッスン4-1　認知行動療法の基本モデルのおさらい

　さてここで，認知行動療法の基本モデルのおさらいをしておきましょう。
　その前にまず，ストレスについてさらにおさらいです。「ストレス体験」は，皆さんにストレスを与える「ストレッサー」と，皆さんの心身に生じる反応である「ストレス反応」の2つの過程としてとらえることができました（図4−2）。

```
    環境                            個人
  ┌─────────┐                    ┌─────────┐
  │ストレッサー│ ──────→         │ストレス反応│
  │(ストレス状況)│ ←──────        │           │
  └─────────┘                    └─────────┘
              ストレス体験
```

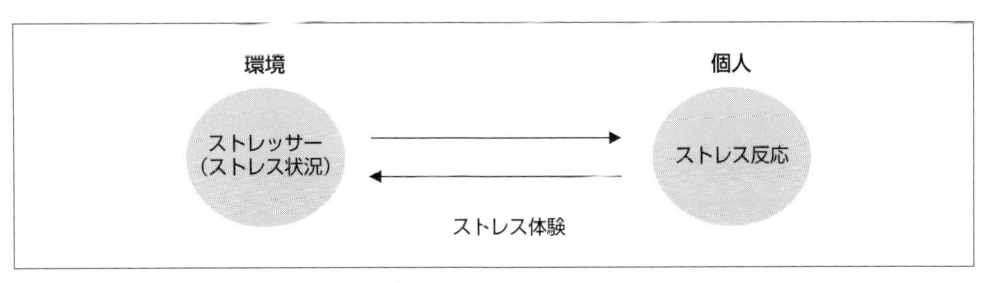

図4−2　ストレスとは

ちなみに環境と個人の間に2本の矢印がありますが，これは環境と個人が互いに相互作用し合っていることを示しています。

　さて，認知行動療法では，個人のストレス反応を，「認知」「気分・感情」「身体反応」「行動」の4つに分けるのでしたね。もちろん，それらはバラバラではなく，それぞれが相互に影響を及ぼしあっています。そのことを表しているのが次の図（図4－3）です（これも「レッスン3」のおさらいです）。

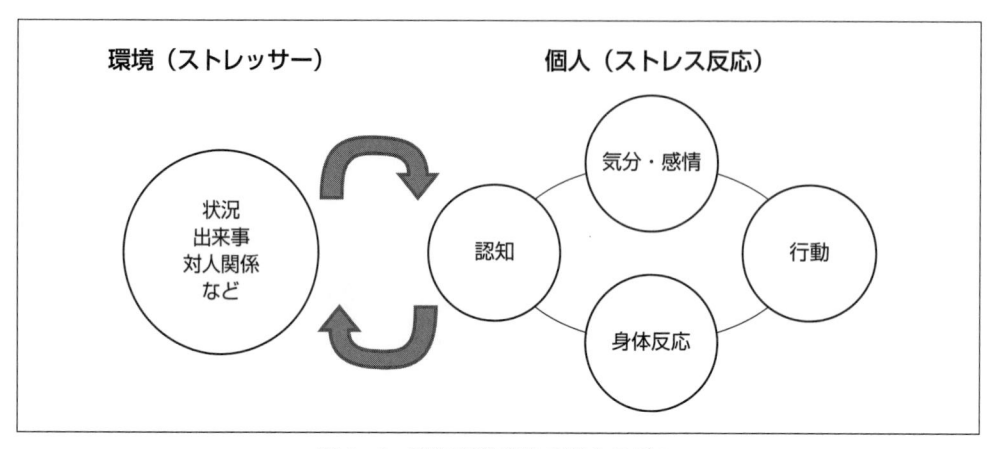

図4－3　認知行動療法の基本モデル

　認知行動療法で「セルフモニタリング（自己観察）」と言う場合，ただ単に「ストレスがたまったー！」とざっくりと観察するのではなく，①環境・ストレッサー，②認知，③気分・感情，④身体反応，⑤行動，の5つの領域で，「自分に何が起きているか？」ということを，きめ細かく観察していきます。

細かく観察する

このように書くと，特に「認知行動療法に触れるのが初めて」という人は，なんだか難しそうに感じるかもしれませんが，練習すれば誰にでもできるようになります。この後，具体例を示しながら解説しますので，気にせず先に進んでください。大丈夫。

レッスン 4-2　ストレス体験に気づく

「きめ細かくセルフモニタリングしましょう」と述べましたが，モニタリング（観察）するもなにも，「これは自分にとってストレス体験だ！」「さっきのあれは自分にとってストレス体験だった！」という気づきがなければ，そもそもモニタリングしようがありませんね。したがってまず大事なのは，自らのストレス体験に気づく，ということです。特に大きなストレス体験はわかりやすいのですが，小さなストレス体験は見逃されがちです。大小にかかわらず，どんなストレスでも，それがストレスであることに気づくことが，セルフモニタリングの第一歩です。ネタがないと観察できませんから。そしてすでに皆さんは「レッスン3のホームワーク」（45ページ）で，そのネタを外在化しているのでしたね。

ではここからは例を挙げながら解説し，次に皆さんにワークを行ってもらいます。

❖ レッスン3のホームワークの外在化の例：カスミさんの場合（ストレスネタ）

```
やいこと会ったら，彼氏の話ばっかりされた。

むかついた。その後落ち込んだ。
```

カスミさんのストレス体験は，「やいこさんという友だちに会っておしゃべりしていたら，やいこさんが自分の彼氏の話ばかりするのでむかついたが，その後でむしろ落ち込んでしまった」というものでした。

では次にコウタロウさんの例を見てみましょう。うわー，枠内にびっしりとネタが書いてありますね。

❖ レッスン3のホームワークの外在化の例：コウタロウさんの場合（ストレスネタ）

> 新しいバイトが始まって（コンビニ），はりきって出かけたが，やることがめちゃ多くて，覚えることもめちゃめちゃ多くて，店長の指示が何を言っているんだかよくわからず，一日中頭がパニックになりながら，冷や汗だらだらかきながら，おろおろし続けていて，そしたら「落ち着け」「おろおろすんなよ」と先輩に怒鳴られ，よけいパニックになり，もうダメだと思って，その日はなんとか終わりの時間までいたけれども，帰ってお母さんにそのことを話して，「無理しなくていい」と言われたので，お母さんに電話をしてもらって辞めることにした。それが今週のストレス。結局，自分は何をやってもうまくいかない。何もできない。自分ダメ。このままじゃニートになってしまうよ。

ではこれが最後の例。ヤスコさんは会社員の女性です。「ストレッサー（ストレス状況）」と「ストレス反応」に分けて，書いてきてくれました。

❖ レッスン3のホームワークの外在化の例：ヤスコさんの場合（ストレスネタ）

> ★ストレッサー
> 月曜の夕方の会議でプレゼンをしなければならなかった。
> 緊張で声が震えてしまった。
>
> ★ストレス反応
> 皆に自分が緊張しているのがばれていると思って，怖くなった。声どころか手足まで震えてきた。恥ずかしい。ドキドキ。なんとかプレゼンを終えたが，皆の目が気になってしまい，自分のデスクにいられなかった。

ワーク4-1　ストレス体験に巻き戻る

さて，3人の例を見たところで，ご自身の体験に戻りましょう。皆さんはどのようなストレスネタを外在化されたでしょうか？「レッスン3のホームワーク」の外在化（45ページ）の枠の中に書き入れたストレスネタを，あらためて眺めてみてください。そしてそのときの自分の体験に巻き戻ってみてください。タイムマシンに乗って，そのときの状況，そのときの自分に戻るような感じです。ストレス体験ですから，巻き戻ることによって，嫌な感じ，つらい感じが出てくるかと思います。それをこれからモニタリングして整理していきます*。

*大きなストレスネタを外在化した人，あるいは大きなネタではなくても，その体験に巻き戻ったら，あまりにもこころがつらくなってしまいそうだ，という人は，ただちにこのワークをやめてください。大きなストレスネタの場合は，例を参考に，小さなネタに差し替えましょう。こころがつらくなりすぎてしまいそうだという人も，そこまでつらくならない小ネタが見つかりそうなら，そちらに差し替えましょう。どんなネタでも，思い出すとあまりにもつらくなってしまう，という人は（こころが全般的にあまりにも深く傷ついている人は，そうなりやすいかもしれません），無理してワークをせず，カスミさん，コウタロウさん，ヤスコさんの例を読んで，まずは頭で理解していってください。とにかく決して無理はしないでくださいね。

レッスン4-3　ストレッサーのセルフモニタリング

認知行動療法のモデルの5つの要素（ストレッサー，認知，気分・感情，身体反応，行動）のうち，まず最初にモニタリング（観察）するのは，「ストレッサー（環境）」です。あなたの内側ではなく，外側に，あなたにとってストレスとなる，どのような環境，出来事，刺激，他者との関わりがあるか，あるいはあったか，ということを観察し，言葉にして外在化します（絵や図でもいいです）。

カスミさん，コウタロウさん，ヤスコさんの場合，以下がストレッサーに該当します。

- **カスミさん**：やいこと会ったら，彼氏の話ばっかりされた。
- **コウタロウさん**：新しいコンビニのバイトが始まったが，やることがめちゃ多くて，覚えることもめちゃめちゃ多くて，店長の指示もよくわからなかった。先輩に「落ち着け」「おろおろすんなよ」と怒鳴られた。
- **ヤスコさん**：月曜の夕方の会議でプレゼンをしなければならなかった。

繰り返しになりますが，「ストレッサー」とはあなた自身のことではなく，あなたの外側で起きている現象のことです。したがって，たとえばヤスコさんが外在化したシートには，「ストレッサー」の欄に「緊張で声が震えてしまった」とありますが，これはヤスコさんの外側の現象ではなく，ヤスコさん自身の心身の反応ですね。ですからこれは実はストレッサーの欄には入りません。

ワーク4−2　ストレッサーを外在化する

「レッスン3のホームワーク」(45ページ) で外在化したストレス体験から，「ストレッサー」に該当するものを，枠の中に書き出してみましょう。

```
ストレッサー



```

細かく多くの情報を外在化した人，ざっくりと大雑把な書き方をした人，言葉ではなくイラストを描いた人……どんな書き方でも構いません。とりあえず，どんな形でも構いませんので，外在化しておけばそれで大丈夫です。では，次に行きましょう。

レッスン4-4　ストレス反応のセルフモニタリング：自動思考をつかまえる

ストレッサーのモニタリングと外在化が済んだら，今度はあなた自身のストレス反応に移ります。前にもお伝えしたとおり，認知行動療法では，ストレス反応を「認知」「気分・感情」「身体反応」「行動」の4つに分けて，それらの相互作用をとらえていきます（図4-3〔48ページ〕をもう一度見てください）。その中でも，まずは「認知」に着目します。

認知とは，「頭に浮かぶ考えやイメージ」のことだと，レッスン3で述べました。この解説は間違ってはいないのですが，実は不十分です。もっと正確に定義すると，認知には次の2種類があります。

1）その場その場で頭に浮かぶ，様々な考えやイメージのこと
2）すでに頭の中にある，自分や世界や他者に対する深い思いや価値観のこと

1）と2）の違いがわかりますか。1）は，瞬間的に頭に浮かぶ思考やイメージ，2）は，すでに頭の中にある深い思い，ということになります。これは，認知（頭の中の思考やイメージ）を，「表面的，瞬間的，一時的なもの」と，「深層的，継続的なもの」とに分ける，という考え方です。そして1）の認知のことを「自動思考」，2）の認知のことを「スキーマ」と呼びます。これを図にすると，図4-4のようになります。

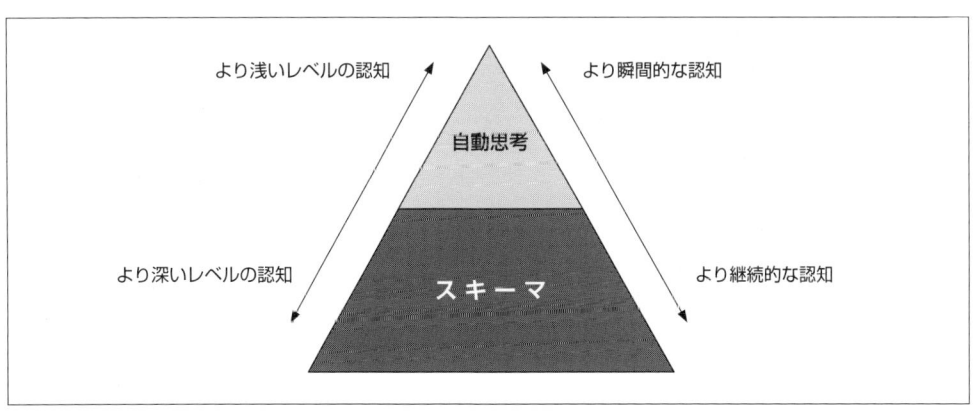

図4-4　認知の構造（自動思考とスキーマ）

認知＝自動思考＋スキーマ

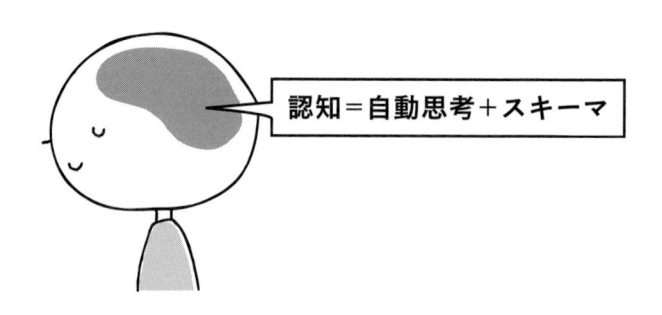

　スキーマ療法で扱う認知は、もちろん深く継続的な認知である「スキーマ」ですが、スキーマ療法のお膳立てで扱う認知は、ひとまず「自動思考」に限定します。初めて認知行動療法やスキーマ療法について学ぶ方は、いきなり「自動思考」とか「深いレベルの認知」とか慣れない言葉がたくさん出てきて、とまどうかもしれませんが、焦ったりあわてたりする必要は全くありません。今は、認知行動療法では「認知＝考えやイメージ」を、瞬間的で浅いものと、継続的で深いものに分けるらしい、ということをなんとなくつかんでもらえれば、それで十分です。

　とはいえ、具体例を挙げたほうが、もう少しイメージしやすくなると思いますので、一つ例を挙げて、皆さんにイメージワークをしてもらいましょう。

ワーク4-3　納豆のイメージワーク

　あなたはお腹が空いています。お茶わん一杯分のごはんが手元にあります。何かおかずがないかなあ、と思って冷蔵庫を開けたら、納豆が一パックありました。他にはおかずになりそうなものはありません（納豆がどうしても嫌いだ、嫌だ、という人は、それに似た何か別の食材をイメージしてください。めかぶとか、ちくわとか、何でも構いません）。そこであなたは納豆を取り出して、おかずにしようとしたところ、パックに書いてある賞味期限の日付が、今日より10日前であることに気がつきました。さて、あなたはこの納豆をどうしますか？　イメージしてください。

　私はよく研修会などでこのワークを行うのですが、たいていの場合、研修会の参加者の3分の2ほどの人が、「気にせず納豆を食べる」、残りの3分の1ほどの人が、「残念だが納豆は食べずに処分する」と答えます。この「納豆を食べる」「納豆を処分する」は認知ではなく、行動ですね。では、この2つの行動を分けるのは何でしょうか？　それが自動思考です。

★納豆を食べる人の自動思考の例
「10日ぐらいなら大丈夫なんじゃない？」
「納豆だから，大丈夫」
「賞味期限は，そんなに気にする必要はない」
「他におかずもないし，まあ，いいか」

★納豆を処分する人の自動思考の例
「納豆とはいえ，いくらなんでも10日過ぎてたらやばいでしょ」
「お腹をこわしたら嫌だなあ」
「どうしよう。他におかずもないし。でも念のためやめとくか」

　イメージの中で出てきた皆さんの自動思考も，これらの例に近かったのではないでしょうか。今例に挙げたものはどれも，納豆のパックを手に取り，賞味期限の日付を見た瞬間に出てきた認知です。これが，「今・この瞬間」に浮かぶ，一時的な，そして頭の表面をかすめるような浅いレベルの自動思考です。自動思考は英語では「automatic thought」と言います。まさにオートマティックに頭をさっとよぎる認知が自動思考なのです。
　では，納豆の例に戻りましょう。納豆を食べるか処分するか，という行動の背景には，それぞれの行動につながるような自動思考があることがわかりました。ではそれぞれの自動思考の背景には，どのようなスキーマがあるのでしょうか。これも例を挙げてみます。

★納豆を食べる人のスキーマの例
「賞味期限は消費期限と違って，厳密に守らなくても大丈夫」
「納豆は発酵食品だからそんなに簡単に悪くはならない」
「私はお腹が丈夫だから，ちょっとぐらい悪いものを食べても平気なはず」
「食べ物を捨ててはならない」

★納豆を処分する人のスキーマの例
「賞味期限を過ぎた食べ物は危ない」
「納豆だって悪くなる」
「お腹をこわしたら大変なことになる」
「私はお腹をこわしやすいのだから気をつけなければならない」

　食品の賞味期限ひとつ取っても，おそらく人によってそのイメージや価値観は様々で

しょう。納豆が悪くなるかならないか，ということに対する思いも，人によってまちまちです。あるいは自分の「お腹のこわしやすさ」「お腹の丈夫さ」についても，それぞれの自己イメージがあるでしょう。このように思考の表面にいちいち言葉として出てくることはないけれども，その人の自動思考の背景には，実は様々な思いやイメージや価値観やルールがあり，それを「スキーマ」と呼ぶのです。なおスキーマ (schema) は「認知構造」と訳しますが，「認知構造」だとかえってわかりづらいので，日本の心理学の世界でも「認知構造」という語は使わず，「スキーマ」と呼んでいます。本書でも一貫して「スキーマ」と表記することにします。

　ここまでを要約しましょう。認知（頭の中の思考やイメージ）には，浅くて瞬間的なレベルの「自動思考」，深くて継続的なレベルの「スキーマ」の2つがあることがわかりました。本書のメインテーマである「スキーマ療法」では，もちろん後者の「スキーマ」を扱います。一方，今取り組んでいる，スキーマ療法のためのお膳立てである「認知行動療法」では，「自動思考」を扱います。浅くて瞬間的だからといって自動思考をなめちゃいけません。「今・この瞬間」の自分の体験に気づきを向け，それを一つ一つ味わいながらも手放していく，というのは，次の「レッスン5」で紹介する「マインドフルネス」という重要なスキルですが，マインドフルネスを身につけるためにも，瞬間的な自動思考にその場で気づき，観察できるようになる必要があります。というわけで，皆さんも，しばらくスキーマのことは置いておいて，「認知」という場合は，まずは「自動思考」のことなんだと思うようにしてください。

　さて，だいぶ遠回りをしてしまいましたが，カスミさん，コウタロウさん，ヤスコさんのストレス体験に戻って，3人の自動思考を確認してみましょう（49, 50ページ）。

　といっても，カスミさんの場合，「やいこと会ったら，彼氏の話ばっかりされた。むかついた。その後落ち込んだ」と書いてあるだけです。自動思考がちょっとよくわかりません。したがって，カスミさんには，皆さんと同様に，その時の体験に巻き戻してもらって，「やいこさんと会って，やいこさんが彼氏の話ばっかりしているとき，どんなことが頭に浮かびましたか？」「その後落ち込んだと書いてあるけれども，落ち込んでいるとき，どんな考えが頭の中をよぎりましたか？」と尋ねたところ，その時々のカスミさんの自動思考が明らかになりました。

★カスミさんの自動思考
　「なんだよ，せっかく久々に会ったのに，彼氏の話ばっかかよ」
　「私の方は最近失恋したばっかなのに，やいこ，無神経じゃね？」
　「少しは人の話も聞けよ」
　「どうせ私は失恋ばっかだし，いつまでたってもいい男にはめぐりあえないんだ」
　「やいこばっかりいい思いしている。私にはいいことなんて何にもない」

自動思考は，その名のとおり，あまりにも自動的に私たちの頭をよぎり，あっという間にどこかに行ってしまうので，最初は「自動思考をつかまえよう」という意識を持ち，しっかりと自動思考のしっぽをつかまえる必要があります。そのときに次のような問いが役に立ちます。

★自動思考をつかまえるための問いの例
　「今，どんな考えやイメージが頭に浮かんだか？」
　「今，どんな考えやイメージが頭をよぎったか？」
　「そのとき，どんなセリフが頭に浮かんだか？」
　「そのとき，どんなイメージが頭に浮かんだか？」

　このような問いを自分にすることによって，自動的に浮かんでは消え，浮かんでは消える自動思考を，さっとつかまえられるようになります。事実，例に挙げたカスミさんも，最初は自動思考を外在化していませんでしたが，私がちょっとした問いを投げかけるだけで，その時に頭に浮かんだ自動思考を次々と挙げることができました。
　同じ問いをコウタロウさんに投げかけたところ，ストレス体験の間，次のような自動思考がコウタロウさんの頭に浮かんでいたことがわかりました。

★コウタロウさんの自動思考
　「よし，今度こそ，頑張ろう！」
　「やること，覚えることが，めっちゃ多いよ。どうしよう，大丈夫かな，俺」
　「コンビニって，こんなにやること多いんだっけ。無理無理。俺，無理」
　「店長，早口で滑舌も悪いし，何言ってるか，全然わかんねーよ。勘弁してくれよ」
　「やばいやばい，俺何やってんだよー」
　「すげー汗かいてきた。やばい」
　頭が真っ白になるイメージ
　「怖えー，あいつに怒鳴られた。あいつ，怖えー！　あんな奴と働くなんて，嫌だ」
　「もうダメだな。早く終わりの時間が来ないかな」

　どうやらコウタロウさんの頭の中には，無数の自動思考が浮かびまくっていたようです。コウタロウさんだけでなく，多くの人の頭には，ストレスを感じているときに，数多くの自動思考が浮かんだりよぎったりします。
　それからもう一つ。皆さんは，もうお気づきだと思いますが，ほとんどの自動思考を，私はカギ括弧（「」）で表記しています。なぜかというと，自動思考は「頭をよぎる

セリフ」のようなものだからです。文章を書く際，人のセリフには通常カギ括弧をつけますね。それと同じで，自動思考を外在化するときは，カギ括弧をつけると，自動思考が「事実」ではなく，「頭をよぎった思考」であることが，視覚的にも理解しやすくなります。皆さんも自動思考を外在化するときは，カギ括弧をつけるようにしましょう。ただ一つ例外があります。コウタロウさんの自動思考の例の中に「頭が真っ白になるイメージ」とありますね。これはセリフ（言語的な思考）ではなく，イメージ（頭に浮かぶ感覚的な現象）ですので，カギ括弧をつけず，どんなイメージが出たのかを言葉で記述したのです。イメージの場合は，言葉ではなく，絵や図を使って外在化しても構いません。

次はヤスコさんの自動思考です。ヤスコさんにも，その時の自分に巻き戻ってもらい，頭に浮かんだ生々しい自動思考を報告してもらいました。そう，自動思考って，基本的に「生々しい」ものなのです。

★ヤスコさんの自動思考
「プレゼン嫌だなあ」「声が震えたらどうしよう」（プレゼンの前）
「あ，やばい，声が震えてきた」「どんどん震えがひどくなってきた。どうしよう」
「あ，ばれた，みんなに気づかれた」「みんな，私の緊張に気づいている」
「やばい，手足までもが震えてきた」「みんなに震えに気づかれている。恥ずかしい」
緊張のあまり倒れてしまい，プレゼンが続けられなくなるイメージ
「もうやばい」「はやく終わりにしたい」（プレゼンの最中）
「あー，またあんなに緊張しちゃった」「みんな，私のことどう思っているだろう」
「あんなに緊張して馬鹿みたい，かわいそうって思われているのかも」
「ああ，恥ずかしい。もうここにはいられない」（プレゼンの後）

ヤスコさんの頭の中にも，プレゼン前，プレゼン中，プレゼン後のどの段階においても，自動思考が山のように浮かんでいたようですね。
ではワークです。あなた自身の自動思考をつかまえて，外在化してもらいます。

ワーク4−4　自動思考のモニタリングと外在化

「レッスン3のホームワーク」（45ページ）で外在化したストレス体験に巻き戻り，その時に頭に浮かんだ自動思考を，枠の中に書き出してみましょう（セリフの場合はカギ括弧をつけましょう。イメージの場合はつけなくていいです）。

> 自動思考
>

レッスン 4-5 ストレス反応のセルフモニタリング：気分・感情に名前をつける

　セルフモニタリングの練習はまだまだ続きます。ここまでのワークでかなり疲れてしまった人もいることでしょう。そういう人は決して無理をせず，ぜひ休憩を取って一息ついてくださいね。ご自分の「疲労」に気づくのも，立派なセルフモニタリングです。
　さて，次は「気分・感情」のモニタリングの練習です。「レッスン3」でもお伝えしたとおり，「気分・感情」とは，こころに浮かぶ様々な気持ちのことです。認知が「頭」に浮かぶのに対し，気分・感情が浮かぶのは「こころ」です。とはいえ「こころ」は実体がありませんから，「気分・感情」を私たちが実際にどこで感じているか，というのは実は微妙で難しい問題です。おそらく多くの人は，胸やお腹のあたりで気分や感情を感じていることが多いのではないかと思われます。でもたとえば「頭に来た！」という怒りの感情は，頭にカーッと血が上るような感覚があるのかもしれません。となると，胸ではなく頭で怒りを感じているのでしょうか？　あれ？　そうなると，さきほど認知は「頭」で，気分・感情は「こころ」と私は書きましたが，矛盾してきてしまいますね。こんなふうに気分・感情というのは，なんだかつかみどころがありません。「気分・感情とは何か？」ということについては，理屈できっちり理解しようとすると深みにはまるので，皆さんには，ただ，次のように理解してもらい，あとは様々な気分や感情

レッスン **4** セルフモニタリングを習慣にしましょう

を，個別にしっかりと体験し，観察し，表現できるようになってもらいます。

★「気分・感情」の理解の仕方

「気分・感情」とは，こころに浮かぶ様々な気持ちのことで，「短い言葉で言い切れる」のがその特徴です。

この「短い言葉で言い切れる」というのがポイントです。「レッスン３」でも「気分・感情」の具体例を挙げましたが，ここではさらに数を増やして具体例を挙げてみます。

★「気分・感情」の具体例

- うれしい
- 喜び
- 恋しい
- やる気
- 平和
- 希望
- ラッキー
- さわやか
- 心配
- 苦しい
- 落ち込む
- 驚き
- 落胆
- あきらめ
- 怒り
- 不可解
- うざい
- 気持ち悪い
- つらい
- 孤独感
- やりきれない
- 恐怖
- 不幸
- けげん
- 疲れた

- 楽しい
- いい気分
- 懐かしい
- 落ち着き
- おかしい
- 気合い
- くつろぎ
- さっぱり
- 気がかり
- 苦痛
- ゆううつ
- ハッとする
- びっくり
- 無力感
- 腹立たしい
- 不思議
- 悲しい
- キモい
- さみしい
- 受け身
- 怖い
- 激怒
- 不信感
- ショック
- ……など

- ウキウキする
- 爽快感
- 期待感
- 平静
- 面白い
- ハッピー
- リラックス
- 緊張
- 気になる
- 不快
- 泣きたい
- がっかり
- 残念
- 無気力
- 不愉快

- ワクワクする
- 愛しい
- 万能感
- 静か
- 愉快
- 幸せ
- おだやか
- 不安
- 嫌な予感
- 落ち着かない
- イライラする
- 絶望感
- 惜しい
- むかつく
- やるせない

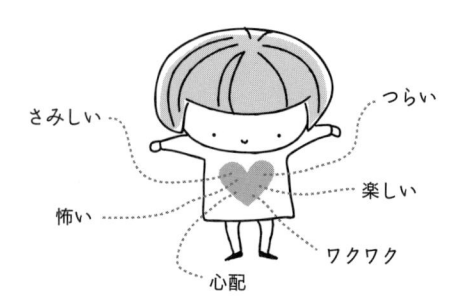

他にもまだまだありそうですが，ここら辺でやめておきましょう。皆さんに覚えておいてもらいたいのは，「気分・感情」には実に様々なものがありますが，それらはすべて「短い言葉で言い切れる」ということです。「気分・感情」にはポジティブなものもあれば，ネガティブなものもあり，またニュートラルなものもあります。その時々の状況や認知によって，私たちのこころには様々な気分や感情が浮かびます。自分のこころにわきあがるそれらの気分や感情に気づき，名前をつけるのが，「気分・感情」をセルフモニタリングする，ということです。

　では，カスミさん，コウタロウさん，ヤスコさんのストレス体験における「気分・感情」を以下に挙げてみます。カスミさんは「ストレス体験の外在化」のワークでは，「やいこと会ったら，彼氏の話ばかりされた。むかついた。その後落ち込んだ」とだけ書きましたが，その後，その体験に巻き戻ってもらうと，実はやいこさんと会っている間，そして会った後に，実に様々な自動思考が生じていたことがわかりました。それと同様に，最初の外在化では「むかつき」と「落ち込み」という気分・感情だけが書かれてありましたが，巻き戻ってリアルに思い出してみると，以下のような気分や感情が生じていたことがわかりました。

★カスミさんの気分・感情
- イライラ
- 傷ついた感じ
- むかつき
- 怒り
- がっかり
- 落ち込み
- 絶望感
- なげやりな感じ

　続いて，コウタロウさん，ヤスコさんの気分・感情を挙げます。コウタロウさんは一つ一つの気分に解説をつけてくれました。

★コウタロウさんの気分・感情
- はりきり（最初，バイトに行く前）
- ショック（やることがめちゃ多くて）
- パニック（やることがめちゃ多くて）
- おろおろ（やることがめちゃ多くて）
- 不安（やることがめちゃ多くて）
- 落ち着かない（やることがめちゃ多くて）
- やばい感じ（やることがめちゃ多くて）
- 無理な感じ（やることがめちゃ多くて）
- 怖い（先輩に怒鳴られて）
- 絶対に嫌な感じ（先輩に怒鳴られて）
- 必死（バイトの間）

- ほっとする（バイトが終わって）
- ほっとする（お母さんにバイトを辞めることを電話してもらって）
- 落ち込み（1日でバイトを辞めたことについて）
- 不安（ニートになってしまうことについて）

★ヤスコさんの気分・感情
- 不安
- 緊張
- 怖い
- 恥ずかしい
- いたたまれない
- がっくり

　それではワークです。あなた自身のストレス体験における「気分・感情」に名前をつけ，外在化しましょう。

ワーク4-5　気分・感情のモニタリングと外在化

　「レッスン3のホームワーク」（45ページ）で外在化したストレス体験に巻き戻り，その時にこころに感じた気分や感情を，枠の中に書き出してみましょう。

気分・感情

レッスン4-6　ストレス反応のセルフモニタリング：
　　　　　　身体反応をキャッチする

　次は「身体反応」です。「レッスン3」でも述べたとおり，身体にあらわれる様々な生理的な現象を「身体反応」と呼びます。例を挙げてみましょう。

★「身体反応」の具体例

- 動悸がする
- 頭痛
- 頭がしめつけられる感じ
- めまい
- 背中がかゆい
- 背中が痛い
- 涙が出る
- 疲労感
- 腋(わき)の下に汗をかく
- お腹が痛い
- 口の中が苦い
- 唾(つば)が出る
- 尿意
- せきをする
- 中途覚醒
- あくびがでる
- 身体がふらつく
- 血の気が引く
- 息苦しい
- 血圧が上がる
- 息が止まる
- 吐き気がする
- 足の裏がかゆい

- ドキドキする
- こめかみ痛む
- 頭がボーッとする
- 足元がふらつく
- 背中がゾクゾクする
- 肩が凝る
- 手足が震える
- 顔に汗をかく
- 手足が冷たくなる
- 胃が痛い
- 口が渇く
- お腹にガスが溜まる
- 便意
- くしゃみをする
- 早朝覚醒
- 全身が緊張する
- 身体が硬くなる
- お腹が鳴る
- 呼吸が速くなる
- 失神する
- じんましんが出る
- 嘔吐
- 腰が痛い

- 心臓が波打つ感じ
- 頭がガンガンする
- 頭がクラクラする
- 頭がかゆい
- 背中がゾワゾワする
- くしゃみが出る
- 首の付け根が痛い
- 手足に汗をかく
- 頭に血が上る
- 胃が重い
- 歯が痛い
- おならが出る
- 下痢をする
- 不眠
- 過眠
- 上半身に緊張が走る
- 顔がカーッと熱くなる
- 声が震える
- 熱が出る
- 呼吸が浅くなる
- 身体に力が入らない
- 生理痛
- 手足が震えてくる

……など

　身体反応も，実に様々なものがありますね。今，例に挙げたのは，どちらかというとネガティブで不快な身体反応ですが，もちろんポジティブな身体反応もあります。たと

えばマッサージを受けて身体が気持ちいいとか，ふんわりしたものを触ったときの手のひらの心地よさとか，運動をしていっぱい汗をかいたのが気持ちよいとか。あるいはたくさん睡眠を取ったあとの身体のスッキリ感とか。ただ，どちらかというと，私たちはネガティブな身体反応をキャッチしやすいようにできているみたいです。たとえば胃腸が正常に働くというのはポジティブな現象ですが，「胃腸が正常に働いている身体感覚」ってあまりありませんよね。そして胃腸に不調が起きると，「胃痛」とか「胃もたれ」といった不快な身体感覚が生じます。つまり順調だと感覚がなく，不調になるとネガティブな感覚が生じるのです。身体感覚というのは，そういうものなのでしょう。

　　それでは，3人の身体反応を以下に挙げます。

★カスミさんの身体反応
- 身体が重い　・頭が重い　・脱力感

★コウタロウさんの身体反応
- 冷や汗だらだら　・耳が詰まる感じ　・全身がふわふわする感じ

★ヤスコさんの身体反応
- 全身の緊張感
- 喉がつまる感じ
- 手足の震え
- 胸がドキドキする
- 頭に血が上る感じ
- 全身がソワソワして落ち着かない
- 舌がもつれる感じ
- 腋(わき)の下と背中に汗をかく
- 呼吸が苦しい
- 顔面がカーッと熱くなって，赤くなった感じ
- 足元のふらつき感
- 声の震え
- 頭がチリチリする感じ
- 息が吸えない感じ

カスミさんとコウタロウさんに比べて，ヤスコさんは，ずいぶん多くの身体反応を外在化していますね。これは身体反応に限りませんが，「多ければよい，少ないとまずい」ということでは全くないことを覚えておいてください。自動思考が多くて身体反応が少ない人もいれば，気分・感情や身体反応はたくさん報告するけれども自動思考はちょっとだけ，という人もいます。要は個人差です。それがその人の特徴なのです。

　ただ，セルフモニタリングも一種のスキルですから，そもそも自分を観察する習慣を持っていない人は，最初，モニタリング自体がものすごく難しく，なかなか自分の反応に気づいたり，外在化したりするのがうまくいかないかもしれません。でも大丈夫。セルフモニタリングは練習を続けることで必ずできるようになりますし，習慣化されます。ですから，今回の「レッスン4」のワークで，カスミさん，コウタロウさん，ヤスコさんほど，たくさん外在化できなくても，決してがっかりすることなく，練習を続けていってください。それでは身体反応に関するワークです。

ワーク4-6　　身体反応のモニタリングと外在化

　「レッスン3のホームワーク」（45ページ）で外在化したストレス体験に巻き戻り，その時に身体に生じた様々な反応を，枠の中に書き出してみましょう。

```
身体反応
```

レッスン4-7　ストレス反応のセルフモニタリング：
　　　　　　行動とその結果を把握する

　さて，セルフモニタリングの最後の課題は「行動」です。行動のセルフモニタリングとは，「自分が何をしたか」「そこで自分はどう振る舞ったか」「相手に対してどう反応したか」ということに気づくということですが，「自分が何をしたか」ということが自分でわからない，ということはめったにありませんので，さほど難しくはありません*。

*とはいえ，「自分では気づかずに，思わずこんな行動を取っていた」「気づいたら，こんな行動を取っていたが，どうしてそんなことをしたのか自分ではわからない」という体験をする人もいます。こういう場合は行動のモニタリングが難しいかもしれません。こういう人は，「解離」と呼ばれる状態に陥っている可能性があります。解離とは，「自分で自分を切り離す」「自分が自分から切り離される」という体験で，相当深いレベルでこころが傷ついている人に生じやすい現象でもあります。このような体験が少なからずあるという方，このような「解離」現象が自分に起きているかもしれないと思われる方は，セルフモニタリングの練習を一気に進めずに，ちょっとずつ，少しずつ，ゆっくりと進めていってください。

　では3人の行動をまず外在化してみましょう。

★カスミさんの行動
- 不機嫌な態度でやいこの話を適当に聞いていた。
- 話を聞きながらスマホをいじっていた。
- 自分の話をほとんどしなかった。
- 家に帰って，このことをボーっと思い出しながら，ぼんやりテレビを見ていた。

★コウタロウさんの行動
- バイト先に行く　→　店長の指示を聞く　→　おろおろしながらも言われたことをこなす　→　先輩に怒鳴られたときは，とりあえず「はい！」「わかりました！」と答える　→　一日，なんとかその日のバイトを終える　→　「お疲れ様でした」「ありがとうございました」と言ってバイト先を去る　→　お母さんに「もうバイト行けない。辞めたい」「辞めることを電話してほしい」と言う　→　ゲーム，ネットをやって気を紛らわせる

★ヤスコさんの行動

- 震えながらもプレゼンを終え，自分の席に戻ったが，席にいられなくなって，洗面所で時間をつぶした。その後，普通に自席に戻って，何事もなかったかのように仕事を続けた。

　例を見てもらえればわかるとおり，その場その場で「何をしていたか」というのが行動です。そんなに難しくはありませんね。ではワークです。ご自分のストレス体験におけるあなた自身の「行動」を外在化しましょう。

ワーク 4-7　行動のモニタリングと外在化

　「レッスン3のホームワーク」（45ページ）で外在化したストレス体験に巻き戻り，その時に取ったあなた自身の行動を，枠の中に書き出してみましょう。

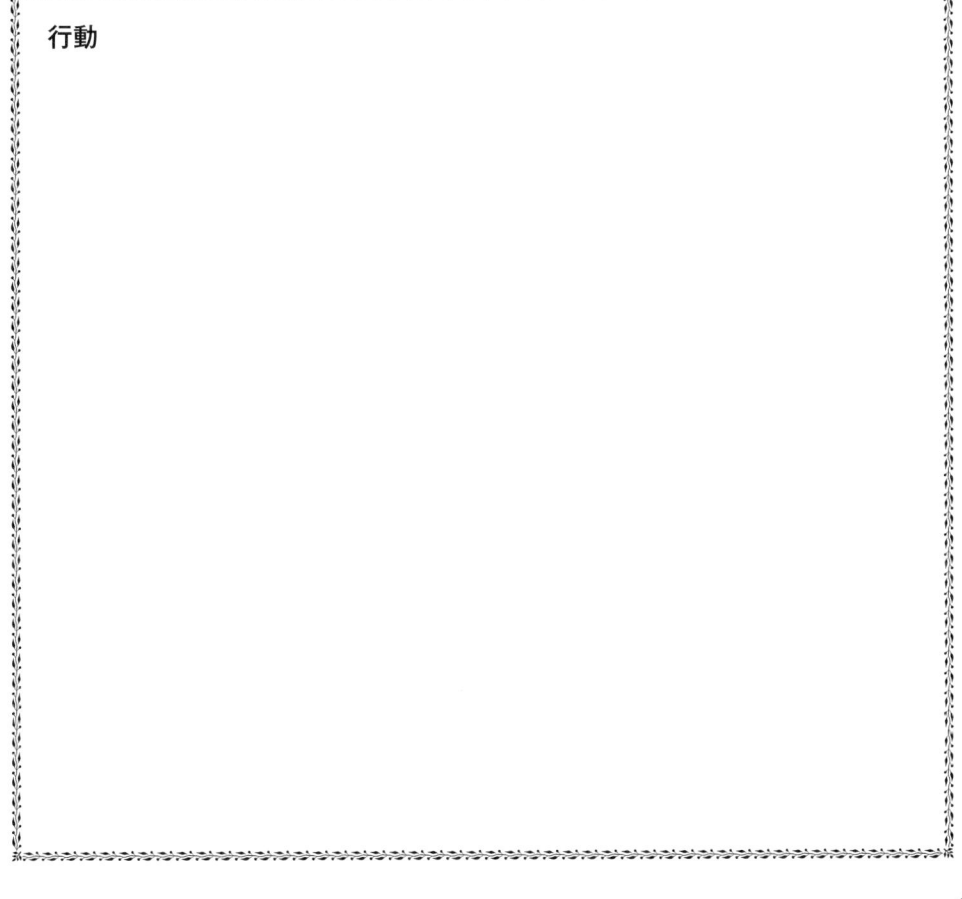

行動

レッスン4-8　セルフモニタリングも練習と外在化が重要

　このレッスンもやることがたくさんあるので，大変ですね。ここまでお疲れ様でした。でももう大丈夫。「レッスン4」ももうじき終わりです。ここで皆さんに伝えておきたいことは2つ。ひとつは「セルフモニタリングは練習が肝心！」ということ，もうひとつは「やっぱり外在化が大切！　役に立つ！」ということです。

　今回は「レッスン3のホームワーク」(45ページ)で外在化しておいてもらったストレスネタを使って，皆さんにはワークをしてもらいました。つまり「今・ここ」，すなわちリアルタイムで起きている出来事ではなく，少し前に起きた，つまり過去に起きた出来事をネタにモニタリングの練習をしてもらったのです。しかし最終的に皆さんにやってもらいたいのは，過去の出来事のモニタリングだけでなく（これはこれで重要です。自分の過去の体験を振り返るかたちでモニタリングすることにも，十分に意味があります），「今・ここ」のヴィヴィッドな（日本語で言い換えれば「生々しい」）体験にリアルタイムで気づき，手に取って，観察する，ということです。「今・ここ」「リアルタイム」というのが重要です。なぜなら「今・ここ」の体験にリアルタイムに気づけるようになってこそ，その体験を味わったり，その体験を手放したり，あるいはその体験に対して様々なコーピング（意図的な対処）をすることができるようになるからです。「今・ここ」「リアルタイム」の重要性は，次の「レッスン5」のマインドフルネスのワークに入ると，今よりもっと理解してもらえると思いますので，今はこのぐらいにしておきます。

　それからもうひとつのポイント，「外在化が重要」というのは，すでにお伝えしたとおりです。認知行動療法もスキーマ療法も，自らの体験をとにかく外在化して，つまり外の媒体に書き出すことによって，その体験を手に取って眺められるようにする，という大きな特徴があります。セルフモニタリングも，頭の中だけの観察にとどめるのではなく，観察された内容を書き出すなどして外在化しておく，ということを習慣にしましょう。ちょっと面倒くさいかもしれませんが，それでも外在化には大きな意味があるのです。

外在化

自分の心
自分の頭
身体反応

では最後のワークです。一枚のツール（シート）に，ストレス体験の全体像を外在化してみましょう。以下に2種類のツールをご紹介します。皆さんにはどちらのツールを使ってもらっても構いません。1つ目は大ざっぱにストレス体験を外在化するためのツール，2つ目は自分の反応を「認知（自動思考）」「気分・感情」「身体反応」「行動」にきっちりと分けて外在化するためのツールです。参考までに，カスミさんの体験を1つ目のツールの外在化の例として，ヤスコさんの体験を2つ目のツールの外在化の例として挙げてみますので，参考にしてください。

ワーク4-8　ストレス体験全体のモニタリングと外在化

この「レッスン4」のワークで外在化した，ストレッサーとストレス反応（認知＝自動思考，気分・感情，身体反応，行動）をまとめて以下のツールに外在化してみましょう。ツールは2種類提示しますが，どちらのツールを使ってもらっても構いません（両方でもいいですよ！）。外在化したら，それを手に取って眺め，「まさにこの時の自分のストレス体験って，こんな感じだったよなあ」としみじみと感じてみましょう。

*大ざっぱなツール

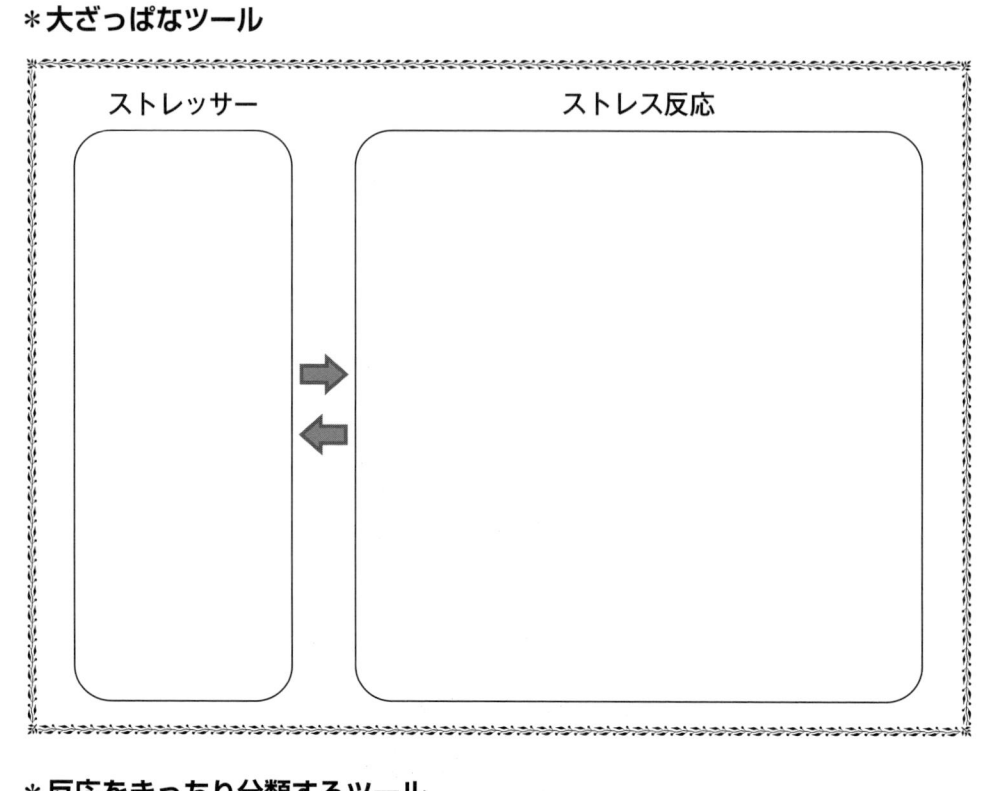

ストレッサー　　　　　ストレス反応

*反応をきっちり分類するツール

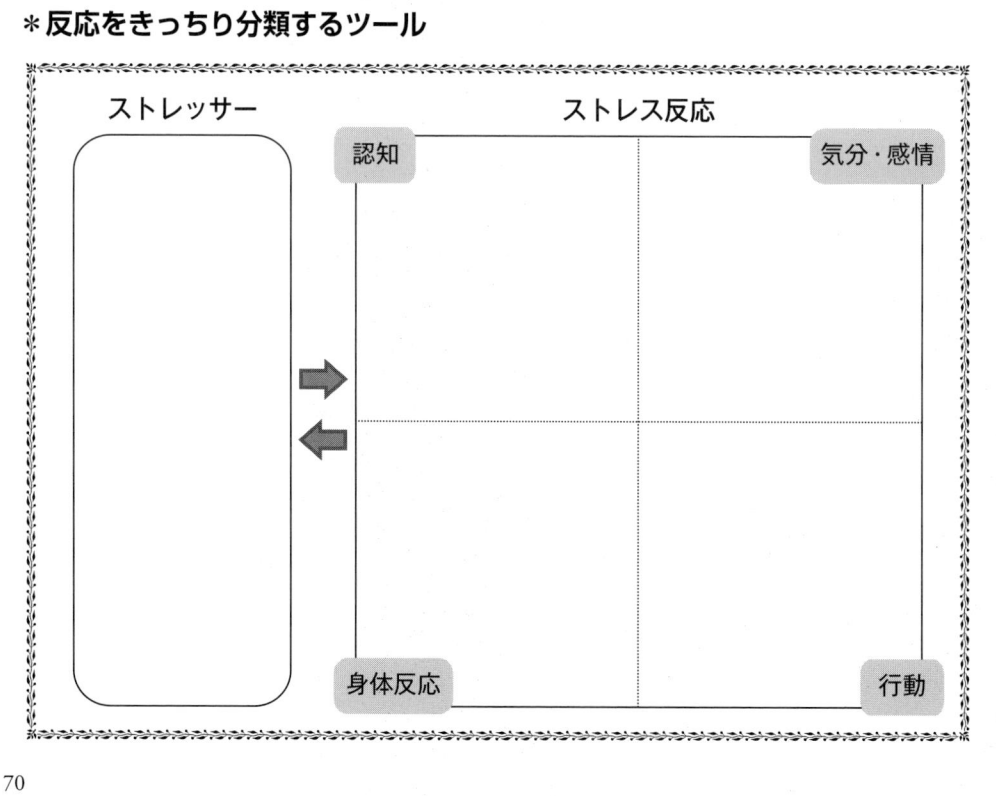

ストレッサー　　　　　ストレス反応

認知　　　気分・感情

身体反応　　　行動

❖ **ワーク4-8の外在化の例：カスミさんの場合（大ざっぱなツール）**

ストレッサー	ストレス反応
やいことに会ったら，彼氏の話ばっかりされた。	自動思考：「なんだよ，せっかく久々に会ったのに，彼氏の話ばっかかよ」「私の方は最近失恋したばっかなのに，やいこ，無神経じゃね？」「少しは人の話も聞けよ」「どうせ私は失恋ばっかだし，いつまでたってもいい男にめぐりあえないんだ」「やいこばっかりいい思いしている。私にはいいことなんて何もない」 気分・感情：イライラ，傷ついた感じ，むかつき，怒り，がっかり，落ち込み，絶望感，なげやりな感じ 身体反応：身体が重い，頭が重い，脱力感 行動：不機嫌な態度で適当に話を聞く。スマホをいじる。自分の話をしない。ボーっと思い出しながらテレビを見る。

❖ **ワーク4-8の外在化の例：ヤスコさんの場合（反応をきっちり分類するツール）**

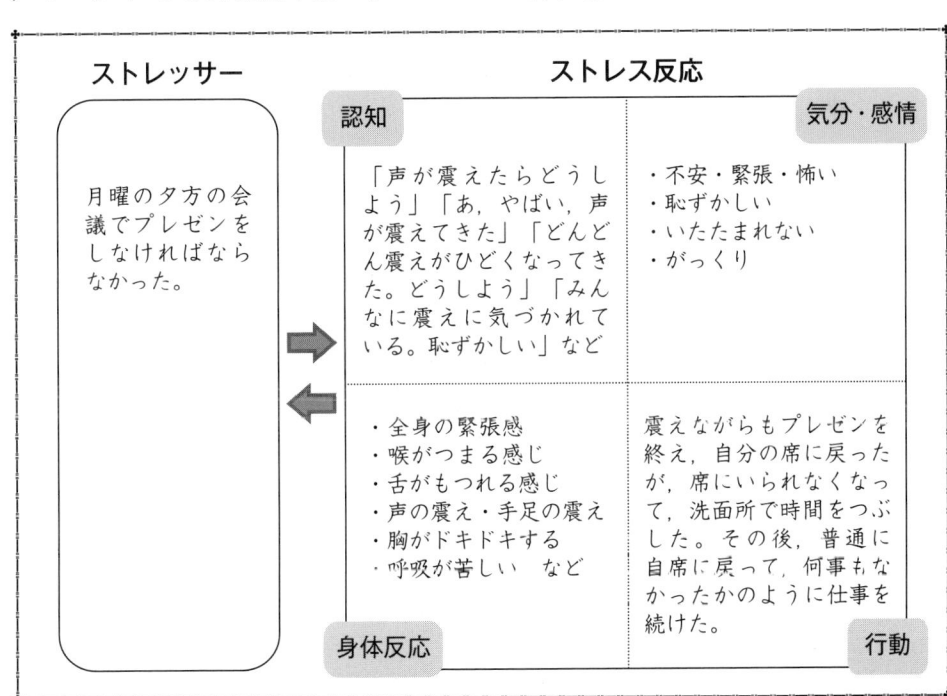

ストレッサー	ストレス反応	
	認知	気分・感情
月曜の夕方の会議でプレゼンをしなければならなかった。	「声が震えたらどうしよう」「あ，やばい，声が震えてきた」「どんどん震えがひどくなってきた。どうしよう」「みんなに震えに気づかれている。恥ずかしい」など	・不安・緊張・怖い ・恥ずかしい ・いたたまれない ・がっくり
	身体反応	行動
	・全身の緊張感 ・喉がつまる感じ ・舌がもつれる感じ ・声の震え・手足の震え ・胸がドキドキする ・呼吸が苦しい　など	震えながらもプレゼンを終え，自分の席に戻ったが，席にいられなくなって，洗面所で時間をつぶした。その後，普通に自席に戻って，何事もなかったかのように仕事を続けた。

レッスン **4** セルフモニタリングを習慣にしましょう

レッスン4のまとめ

1) セルフモニタリングは，スキーマ療法のお膳立てとして身につける必要のある認知行動療法のスキルの一つです。
2) 認知行動療法におけるセルフモニタリングとは，自らのストレス体験を，認知行動療法の基本モデルに基づき（ストレッサー，ストレス反応〔認知，気分・感情，身体反応，行動〕），自分で観察することを言います。
3) 認知には浅いレベルの瞬間的な「自動思考」と，深いレベルの継続的な「スキーマ」がある。認知行動療法のセルフモニタリングでは，まず「自動思考」に気づき，キャッチできるようになることが必要です。
4) セルフモニタリングした内容は，外在化しましょう。
5) セルフモニタリングは練習が必要です。「今・ここ」での自分の体験を，リアルタイムで気づき，観察できるようになりましょう。

もう一人の自分

Homework レッスン4のホームワーク

1) この「レッスン4」にはとても重要な情報がたくさん書かれています。ちょっと面倒かもしれませんが,「レッスン4」を3回以上読み返し,認知行動療法の基本モデルや,セルフモニタリングのやり方を,まずは「情報」として頭にインプットしてください。
2) 認知行動療法の基本モデルに基づいて,「今・ここ」の自分の体験(ストレス体験に限りません。ポジティブな体験,日常の何気ない体験でも構いません)をリアルタイムで自己観察(セルフモニタリング)するよう,心がけましょう。
3) 特に,その時々の「自動思考」に自分で気づけるようになりましょう。以下に示す「自動思考日記」をつけて,毎日1つか2つ,自動思考を外在化することも大いに役に立ちます。スマホやパソコンで記録を取ってもいいですね。
4) 1週間に1度は,セルフモニタリングしたストレス体験を外在化してみましょう。大ざっぱなツール,分類したツール,どちらを使っても構いません。何度も外在化を繰り返して,この作業に慣れていきましょう。繰り返し書き込めるよう,ツールを複数掲載しておきます。それ以上になりそうだったらコピーして使ってくださいね。

＊自動思考日記の記入例

日付	どんなとき？	どんな自動思考が浮かんだ？
4/9（木）	公園の桜が散っていた	「ああ,きれいだなあ」「桜の季節ももう終わりかあ」
4/10（金）	電車で足を踏まれた	「痛い！」「ふざけんな」
4/11（土）	寝ていたら電話で起こされた	「ああ,もっと寝ていたかったのに！」

＊自動思考日記

自動思考を記録してみましょう。

日付	どんなとき？	どんな自動思考が浮かんだ？

＊大ざっぱなツール

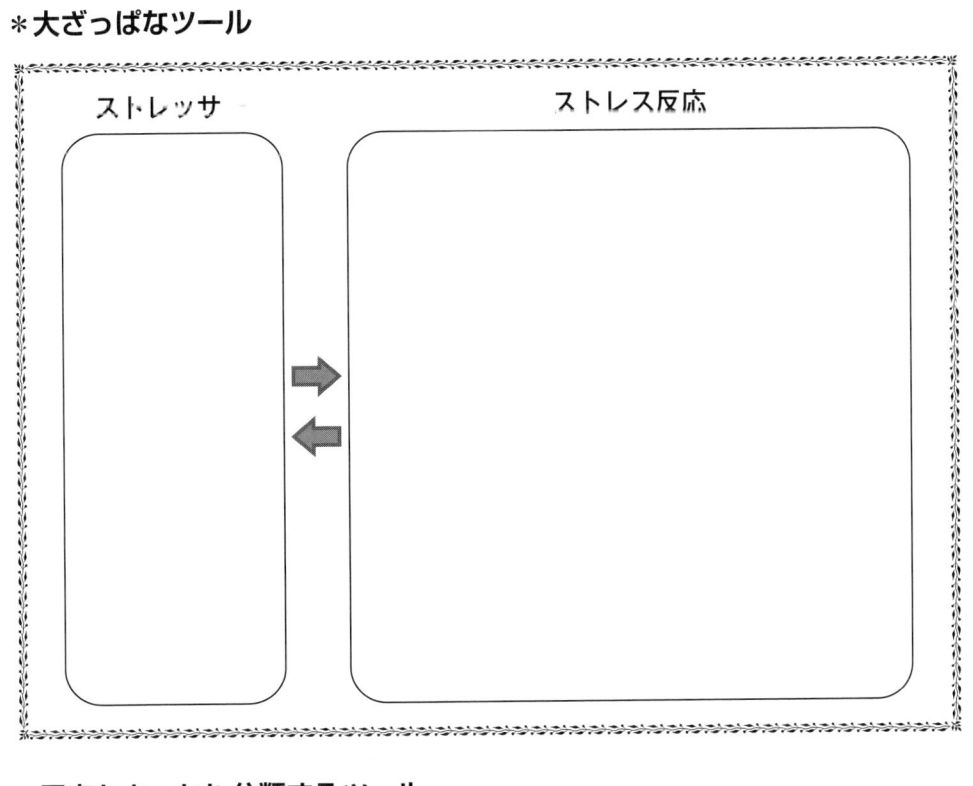

ストレッサ	ストレス反応

＊反応をきっちり分類するツール

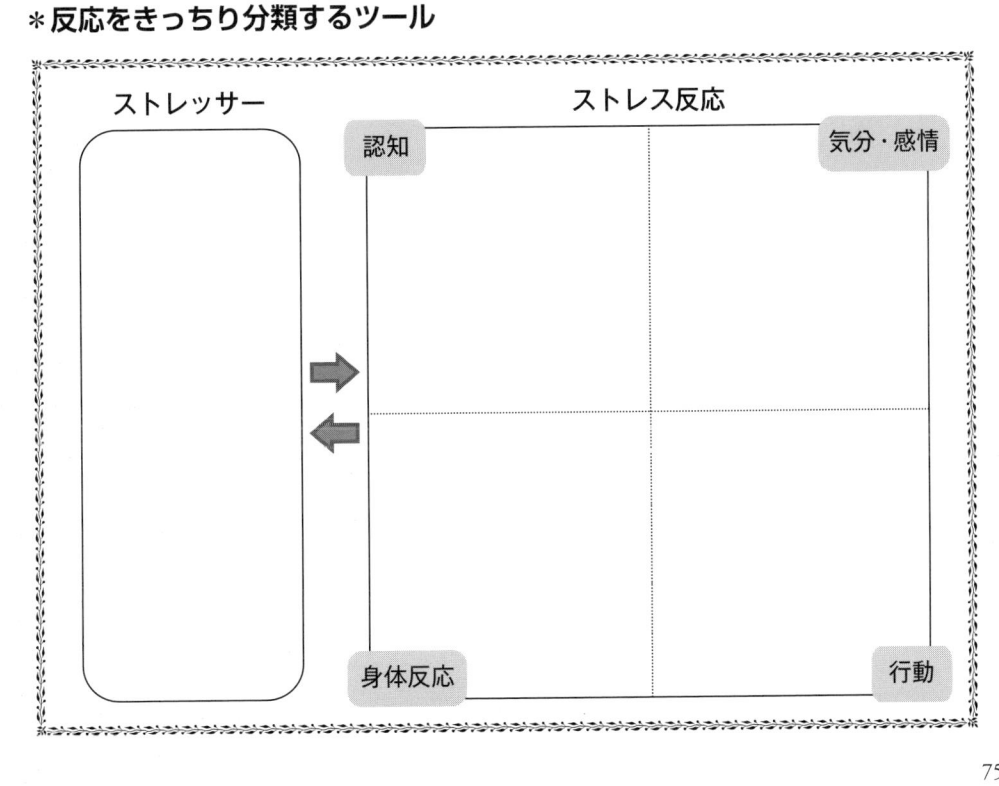

ストレッサー	ストレス反応
	認知 / 気分・感情
	身体反応 / 行動

レッスン **4** セルフモニタリングを習慣にしましょう

＊大ざっぱなツール

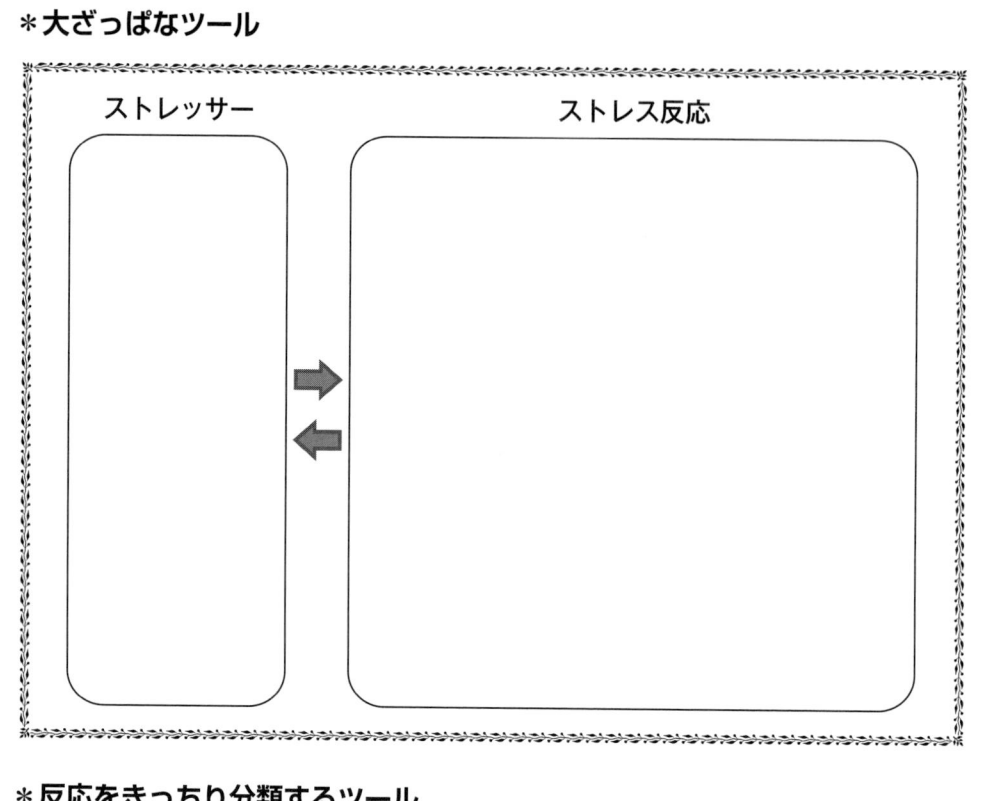

ストレッサー	ストレス反応

＊反応をきっちり分類するツール

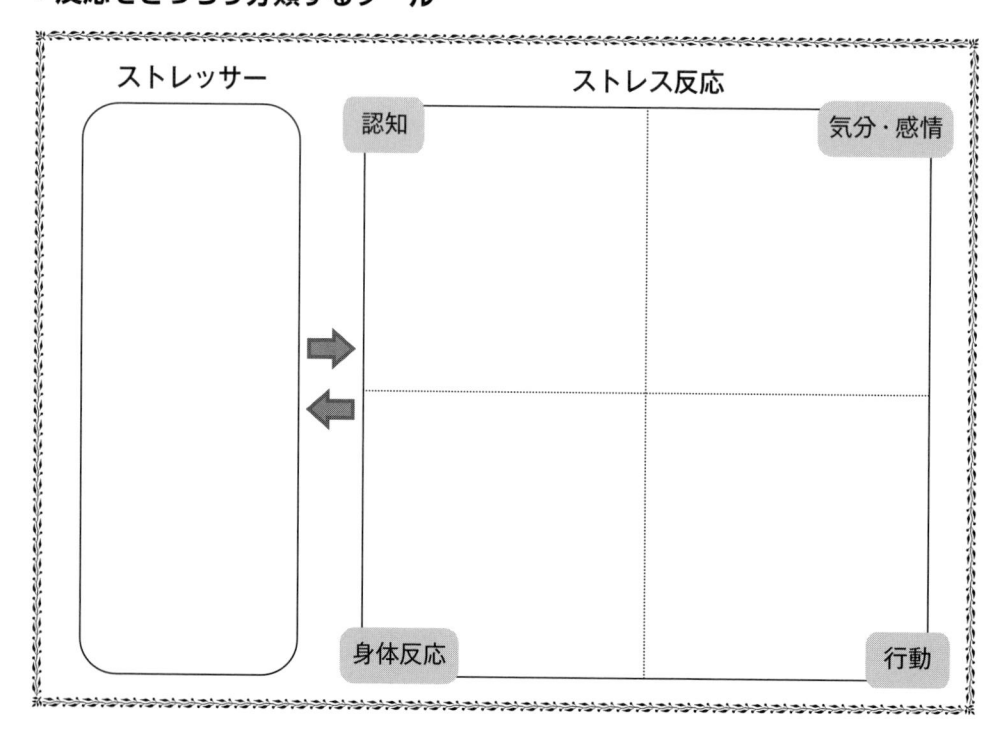

ストレッサー	ストレス反応	
	認知	気分・感情
	身体反応	行動

＊大ざっぱなツール

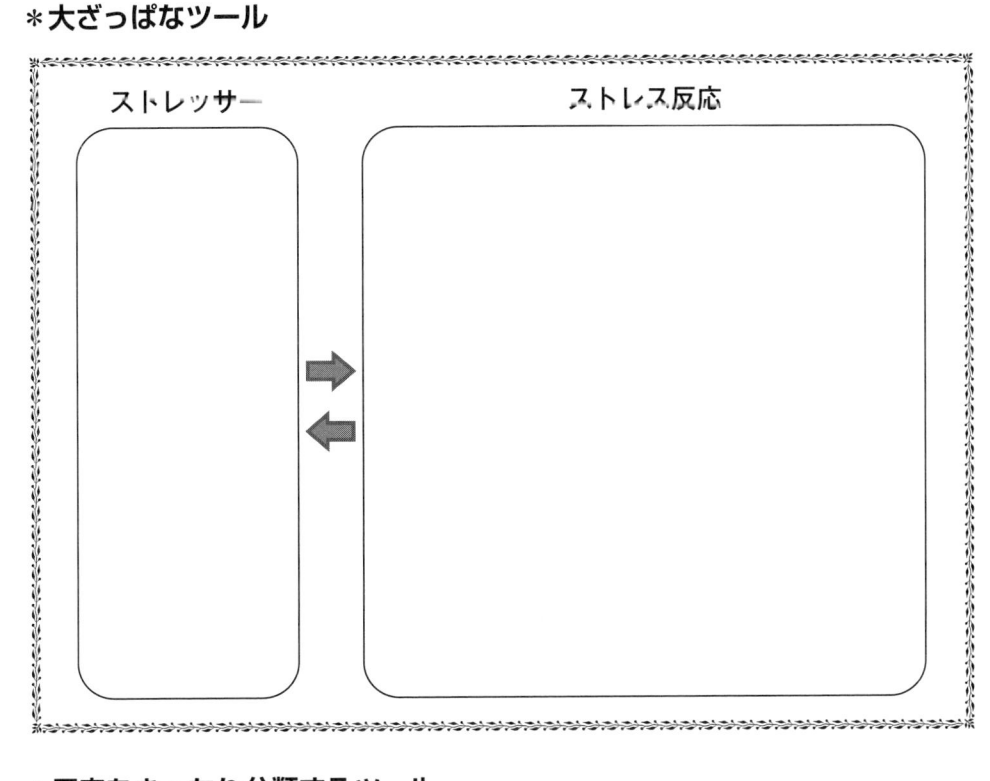

| ストレッサー | ストレス反応 |

＊反応をきっちり分類するツール

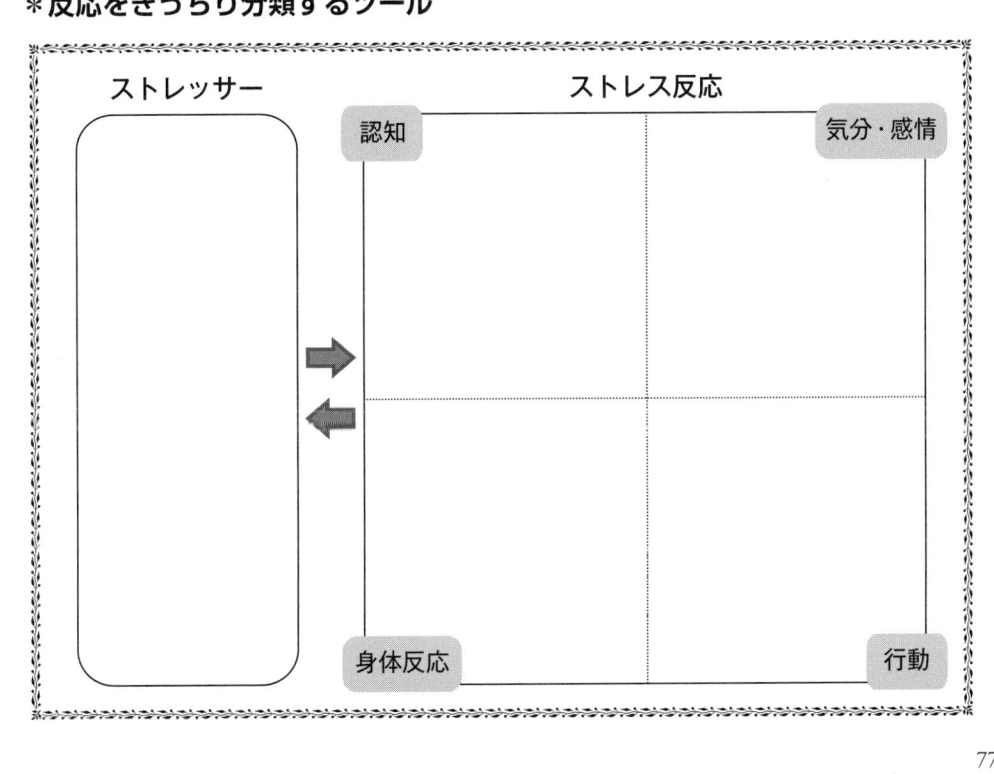

ストレッサー	ストレス反応
	認知 / 気分・感情
	身体反応 / 行動

レッスン **4** セルフモニタリングを習慣にしましょう

＊大ざっぱなツール

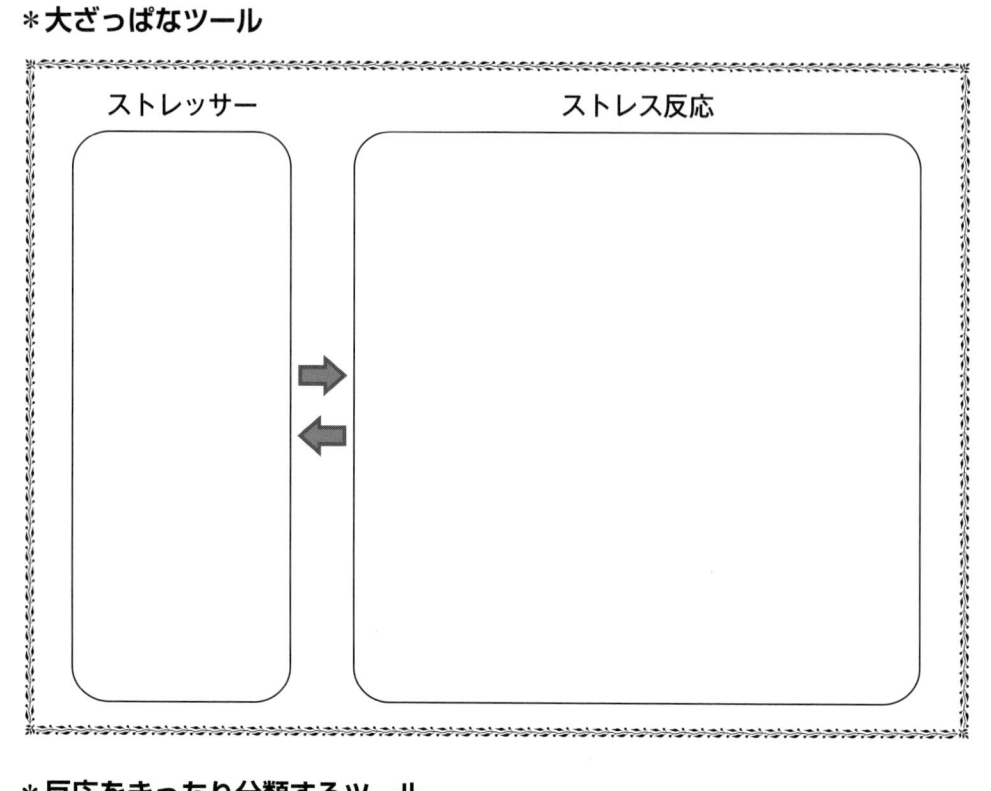

ストレッサー	ストレス反応

＊反応をきっちり分類するツール

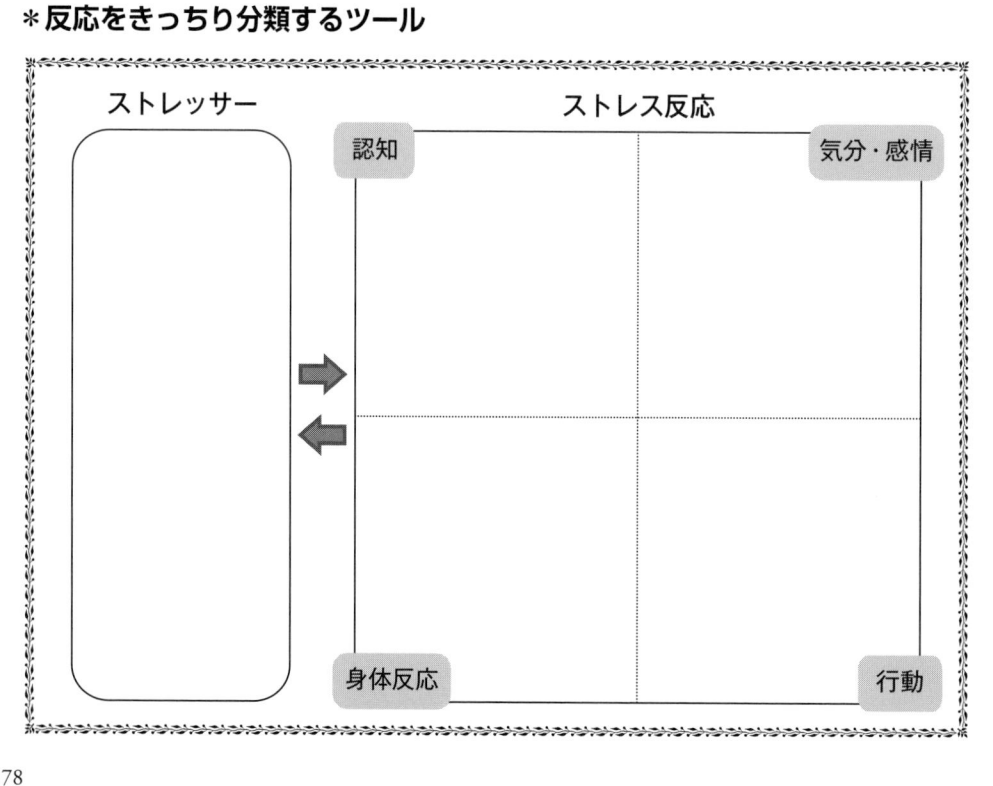

ストレッサー	ストレス反応	
	認知	気分・感情
	身体反応	行動

コーヒーブレイク
ここまで大変お疲れ様でした

　スキーマ療法のお膳立ての第一弾,「セルフモニタリング」, いかがでしたでしょうか？　人によってはかなり大変だったのではないかと思います。ふだんから, 自分の思考や感情に気づきを向ける習慣を持っている人にとっては, このセルフモニタリングはその延長線上にあるので, さほど負担に感じることはないかもしれませんが, 自分の思考や感情, あるいは身体反応を「見ないようにする」「感じないようにする」というコーピングでこれまで生きてこられた方にとっては, セルフモニタリングの練習自体が, これまでの生き方と真逆のことをするということになるので, かなり大変なはずです。本当にお疲れ様です。

　実際, 私が普段行っている認知行動療法に基づくカウンセリングでも, まずはこのセルフモニタリングのスキルをクライアントの方々に身につけてもらうのですが, 自動思考に気づけるようになるまでに3カ月, 気分・感情に気づけるようになるまでにさらに3カ月かかる, などということはざらにあります。それでもなお, 時間をかけてでもセルフモニタリングのスキルを身につけることには大きな意味があります。もしご自分が, 上記の「見ないようにする」「感じないようにする」というやり方で生き延びてきたという場合には, あえて先に進まず, 時間をかけて, セルフモニタリングの練習をじっくりと続ける, というやり方を選んでもらうことができます。ゆっくり進めばよいのです。ただし, セルフモニタリングが完璧にできなければ次のステップに進めない, というわけではありません。次の2つのレッスンで「マインドフルネス」「コーピング」のワークをすることで, かえってセルフモニタリング自体がやりやすくなる人もいます。ですから, 一方でセルフモニタリングの練習を細々と続けながら, それと同時に, 本書のレッスンを少しずつ先に進めていくということもできます。どちらでも構いません。

　いずれにせよ, 無理せず, 少しずつ, 練習を積み重ねていきましょう。

レッスン5 マインドフルネスを体験しましょう
――ありのままを体験し，それをやさしく受けとめる

🐾 レッスン5で何をするか

　こんにちは。セルフモニタリングの練習はいかがですか？　日々の生活で，ストレッサーに気づくことができていますか？　ご自分の様々な反応（自動思考，気分・感情，身体反応，行動）をリアルタイムに観察できていますか？　これらの問いに「イエス！」と力強く答えられる方は，今回の「レッスン5」は，たぶん楽勝です。一方，これらの問いに「うーん，どうかなあ，なんとなく観察できているような気がするけれど，まだ十分じゃないかも」という方も，心配する必要はありません。この「レッスン5」のテーマである，「マインドフルネス」の練習をすることで，かえってセルフモニタリングがしやすくなることが非常によくあるからです。

　というわけで，この「レッスン5」のテーマは「マインドフルネス」です。マインドフルネスの定義には，様々なものがありますが（といっても，表現が「様々だ」というだけです。本質的には同じです），ここでは私自身の定義をご紹介しましょう。

***マインドフルネス**とは…自らの体験（自分自身を取り巻く環境や自分自身の反応）に，リアルタイムで気づきを向け，受け止め，味わい，手放すこと。

「環境や体験にリアルタイムに気づく」，というのは，すでに「レッスン4」で練習した「セルフモニタリング」そのものですね。マインドフルネスは，セルフモニタリングの応用編のようなもので，気づいたことに対する「構え」のようなものです。詳しくは「レッスン5-1」で解説しますが，簡単に言えば，セルフモニタリングを通じて気づいたことを，評価や否定をすることなしに，優しく受け止め，興味を持って味わい，優しく手放す，というのがマインドフルネスです。「気づいたことを味わうって何？　なんか抽象的でわかりにくい！」と思う人がいるかもしれません。そのとおりなんです。マインドフルネスは頭で理解するものではなく，体験を通じて心身で実感するものなので，言葉で説明するのがものすごく難しいのです。マインドフルネスは頭ではなく，実際の体験を通じて，実感してもらうものです。

　したがって，この「レッスン5」では，最初にマインドフルネスについて簡単に解説した後は，様々な体験的ワークをひたすら紹介していきます。マインドフルネスには実に様々なワークがあり，それらをひたすら体験することで，「ああ，マインドフルネスって，こういうことだったのか」という実感が得られるようになります。皆さんにはぜひ「レッスン5」で紹介する様々なワークにトライして，自分のお気に入りのワークを見つけてもらいたいと思います。最終的にはその「お気に入りのワーク」を日々の生活で実践してもらうことが目的となります。

　なお，本レッスンで紹介するマインドフルネスは，あくまでもスキーマ療法のお膳立ての一環であり，本格的なものではありません。マインドフルネスに関してさらに詳しく知りたいという方は，本レッスンの最後に「参考図書」を挙げますので，そちらをご参照ください（115ページ）。

> 🔑 **レッスン5のキーワード** ▶ マインドフルネス，リアルタイム，あるがまま，
> 気づきを向ける，受け入れる，味わう，手放す，
> 体験と実感

レッスン5-1　マインドフルネスとは

　マインドフルネス（mindfulness）は，「サティ」という仏教用語（パーリ語という言語なのだそうです）を英訳したもので，「念」という漢字に該当しますが，現在は「気づきを向ける」という日本語が使われることが多いです。従来は仏教における瞑想実践に関する概念ですが，今では仏教の文脈を離れ，認知行動療法における主要な技法として広く知られるようになりました。

　さきほど挙げたマインドフルネスの定義を，もう一度，ここに書きます。

＊**マインドフルネス**とは…自らの体験（自分自身を取り巻く環境や自分自身の反応）に，リアルタイムで気づきを向け，受け止め，味わい，手放すこと。

　さて，この定義を認知行動療法の基本モデルに関連づけて考えてみましょう。図5－1をご覧ください。皆さんは，もうこのモデルには，かなり，あるいはそれなりに馴染んでいることと思います。

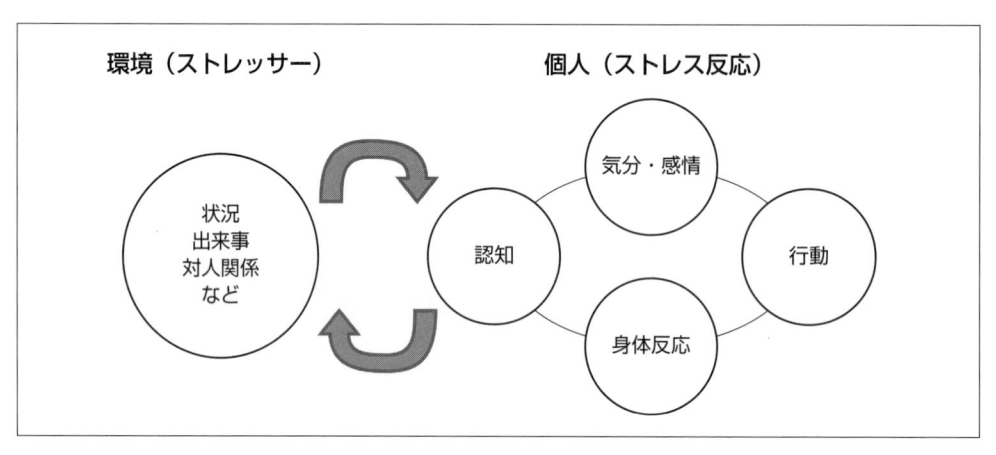

図5－1　認知行動療法の基本モデル

　この基本モデルは従来，ストレス体験に対して用いるものですが，マインドフルネスの練習においては，ストレス体験にこだわる必要はありません。ストレスだけではなく，ポジティブな体験や，なんてことはないニュートラルな体験に対しても，用いることができます。ですから，図5－1は次のように書き換えてしまいます（図5－2）。

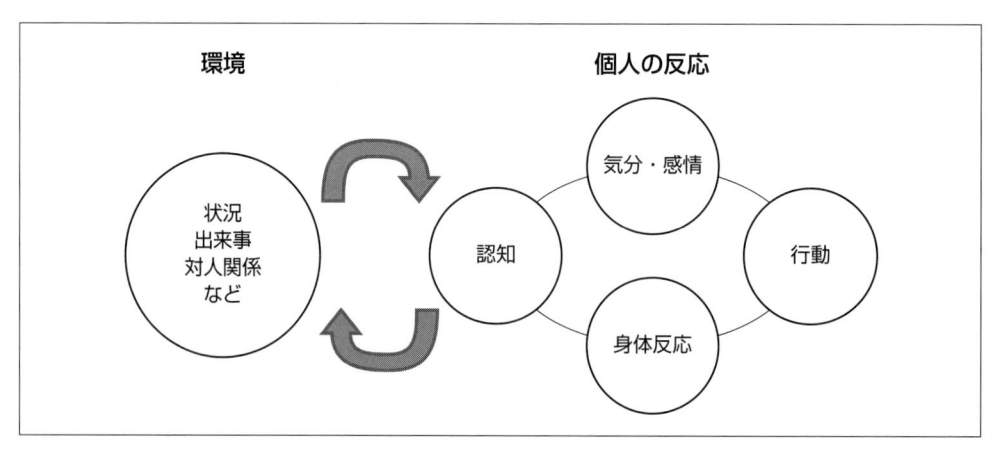

図5－2　マインドフルネスの基本モデル

ストレスにこだわらず，自分を取り巻く環境や，それに対する自らの反応（認知，気分・感情，身体反応，行動）にリアルタイムで気づきを向け，受け止め，味わい，手放す，ということを行うのです。それをもっとシンプルなモデルで表すと，図5-3のようになります。

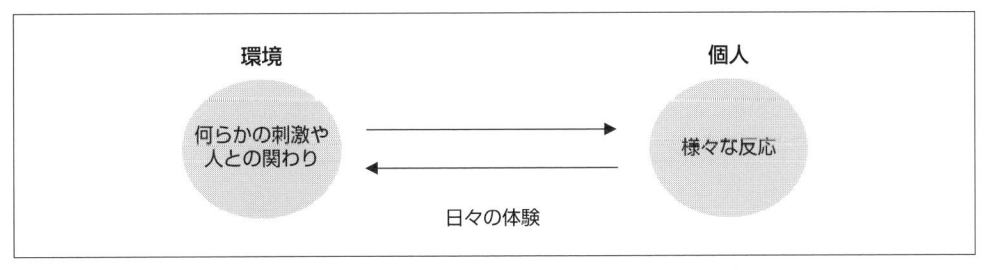

図5-3　もっとシンプルなマインドフルネスのモデル

　認知行動療法のセルフモニタリングでは，自分の反応を「認知，気分・感情，身体反応，行動」の4領域に分類しましたが，マインドフルネスのワークの場合，あまり分類にこだわる必要はなく，「今・ここ」での自分自身の体験をそのまま気づき，感じることができればそれで十分です。したがって認知行動療法の基本モデルにかなり馴染んでいる人は図5-2を参考に，そこまで馴染んでいないという人は図5-3を参考に，マインドフルネスの練習を進めていくとよいでしょう。

　次の「レッスン5-2」と「レッスン5-3」では，様々なマインドフルネスのワークに挑戦してもらいますが，その前にマインドフルネス全般において重要な基本原則を挙げておきます。この基本原則をしっかり理解したうえで，各ワークに取り組んでください。

◆マインドフルネスの基本原則

- 「自分の体験を，ありのままに気づき，受け止める」ためには，自分の体験に巻き込まれず，自分の体験を見ることができる「もう一人の自分」を作る必要があります。
- 「もう一人の自分」は，自分の体験を，興味を持って，優しいまなざしで観察します。決して突き放したり，厳しい目つきで眺めたりはしません。「どれどれ？　今自分は，どんな体験をしているのかな？」といった感じです。
- 「もう一人の自分」が観察した自分の体験を，一切否定したり，評価したりはしません。その体験がポジティブなものであろうと，ネガティブなものであろうと，その体験を「あるがまま」に受け止め，受け入れます。
- 自分の体験は一切コントロールしようとしません。「ポジティブな体験は長引かせた

い」「ネガティブな体験は終わらせたい」と思うのが人情ですが，マインドフルネスのワークにおいては，体験を長引かせたり，終わらせようとしたり，強めようとしたり，弱めようとしたり，ということを一切しません。ただそのまま受け止め，受け入れます。もちろん「ポジティブな体験は長引かせたい」「ネガティブな体験は終わらせたい」という思いに気づいたら，この思い自体も否定せず（「コントロールしようとしちゃダメ！」などとツッコミを入れず），「ふーん，そう思っちゃったんだねー」とそのまま受け止めるということです。

- つまり自分のすべての体験に対して，一切のコントロールを手放し，興味関心を持って，「ふーん，そうなんだ」と受け止め，味わい，どんな体験もそのうち消えていきますから（「消す」のではなく「消える」のです），消えるにまかせてさよならをする，というのがマインドフルネスです（図5-4を参照）。

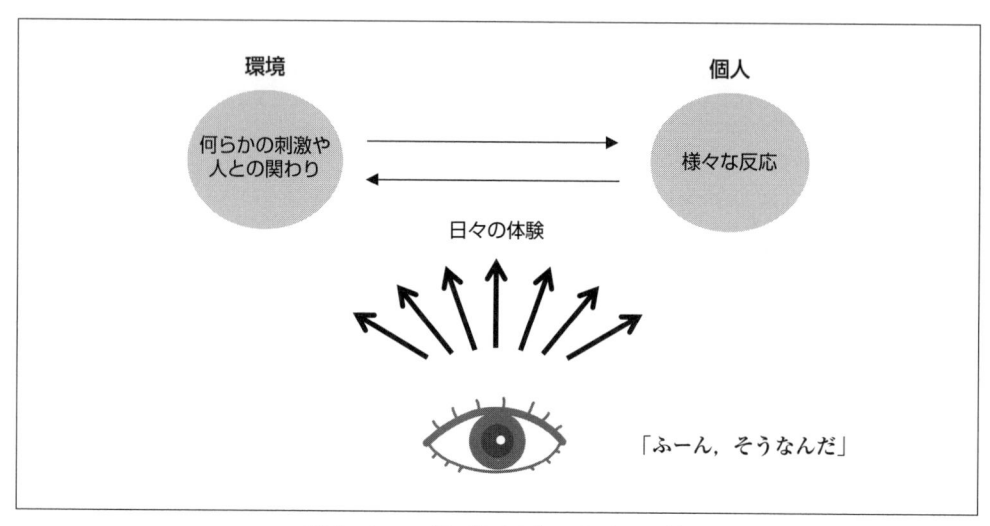

図5-4　マインドフルネスのイメージ

さきほど「この基本原則をしっかり理解したうえで」と書きましたが，この基本原則に書いてあることが「さっぱりわからない」「なんとなーくしかわからない」という人も少なくないと思います。マインドフルネスは言葉で説明するのが非常に難しい概念ですので，初めてマインドフルネスに触れる，という方は，わからなくて当然です。マインドフルネスは数々のワークを行い，体験を重ねるなかで，その神髄に触れていくことができます。ですから，「基本原則がよくわからなかった」という人も，今は気にせず，次の「レッスン5-2」以降のワークに進んでください。そしてワークを重ねた後に，もう一度，この基本原則を読み返してください。今よりもずっと理解できるようになっているはずです。

一方，基本原則を読み，内容はよく理解できたものの，「『判断せず，ただ受け止める』なんて難しすぎる！　そんなの無理！」と思った人もいるでしょう。その人にはまず「難しすぎる！　そんなの無理！」といった自動思考が出たことを，「ああ，私は今，『難しすぎる！　そんなの無理！』って思っちゃったなあ」と，まず受け止めましょう（笑）。冗談はともかく（実は本気ですが），その感想はかなり正しいです。私たちは生きていくなかで，そして日常生活を送るなかで，常に評価や判断をしています。自分についても，他人に対しても，あるいは環境や状況に対しても，「良かった」「悪かった」「ひどい」「嫌だ」「嫌だなんて思っちゃいけない」など，常に評価・判断を下しているのです。そういう私たちが，あえてそのような評価や判断をせずにそのまま体験を受け止める，というのは，実はそれほど簡単なことではありません。だからこそワークをして練習を重ねていく必要があります。練習を積み重ねていくうちに，「マインドフルネスってこういうことだったのか」と実感できるようになります。そのときになってもう一度，この「基本原則」をお読みください。「ああ，最初は『難しすぎる！　そんなの無理！』って思ったけれど，練習をすればできるようになるもんだなあ」と思えるようになるでしょう。

　そうなんです。マインドフルネスは，とにかくワーク！　練習！　体験！　あるのみなんです。ということで，次のレッスンに入りましょう。

レッスン5-2　自動思考や気分・感情に対するマインドフルネス

　まずは，主に自動思考や気分・感情に焦点を当てたマインドフルネスのワークをご紹介しましょう。

ワーク5-1　自動思考や気分・感情に対するマインドフルネスのワーク

　次に挙げる①から⑧までのワークにトライしてみましょう。

◆「と思った」ワーク　……①

▶やり方
　自動思考に目を向け，出てきた自動思考をキャッチして，その最後にいちいち「と思った」と付け足します。ひたすらそれを繰り返します。

▶具体例
　友人に言われた言葉を電車の中で思い出し，自動思考がグルグル状態になっているハヤオさんの場合……「さっきのあの一言はないよな」……「と思った」……「何であいつにあんなことを言われなきゃいけないんだよ」……「と思った」……「あのとき一言も言い返せなかった」……「と思った」……「俺のこと馬鹿にしてるのか？」……「と思った」……「むかつくなあ」……「と思った」……「言われっ放しなのはしゃくにさわる」……「と思った」……「今度同じことを言ってきたら殴ってやる」……「と思った」……「それにしてもむかつくなあ」……「と思った」……（以下省略）

▶解説
　自動思考がグルグルと連なる現象を「反すう」と言いますが，自動思考が反すう状態になっていることに気づかないと，もうそれだけでグルグル思考に持っていかれてしまい，いやーな気分でいっぱいになってしまいます。しかし，グルグルと出てくる自動思考の一つ一つに気づき，「と思った」を間に挟むことで，それが「思考」であることを確認し，ただそのままグルグル思考に持っていかれることがなくなります。そして自動思考やそれに伴う気分・感情に対してマインドフルになることができます。「グルグルしているなあ」とわかりながら，グルグルすることができるようになります。

◆ 気分・感情の実況中継　……②

▶やり方
　自分の気分・感情に注意を向け、実況中継します。すなわち、気分・感情にリアルタイムに気づき、それらに名前をつけ、％（パーセント）で強さを表す、ということを実況中継風に続けます。

▶具体例
　「ああ、今、悲しくなってきた。だんだん悲しみが強まってきた。……今の悲しみの強さは50％ぐらいだな。……ああ、そこに"落ち込み"も加わってきた。……あれあれ、どんどん落ち込みが強くなってきた。……落ち込みも50％だ。……悲しいなあ、ああ、悲しいなあ、……ああ、そして落ち込むなあ、落ち込むなあ……悲しみと落ち込みの2つが絡み合っている感じだなあ。……絡み合って悲しみと落ち込みの両方が80％まで強くなったな。……悲しいし落ち込むなあ……ああ、悲しいし落ち込むなあ……ああ、気づいたら60％になっているなあ……」（以下省略）

▶解説
　気分・感情にリアルタイムに気づき、名前をつけ、強さを測り（気分・感情の「重さ」を測定するようなイメージ）、同時にそれらの気分・感情をそのまま感じ続ける、というワークです。決して気分・感情を分析したり、ネガティブな気分・感情から逃げようとしたりするのではなく、あるがままに感じ続けます。が、どんなに強烈な気分・感情でも、あるがままに感じ続けているうちに必ず弱まってきますので、その「弱まり」もそのまま感じ続けます。ネガティブな気分・感情だけでなく、ポジティブな気分・感情にも同様のやり方でワークを行います。

◆ 葉っぱのエクササイズ　……③

▶やり方

①川と葉っぱのイメージ

あなたは河原に一人でいて，体育座りをして，目の前の川の流れを見ています。その川はわりと川幅があって，流れもわりとゆったりとしています。そのゆったりとした川の流れに乗って，緑の葉っぱが一枚，またしばらくして別の緑の葉っぱが一枚，さらにまた葉っぱが一枚……というように，葉っぱが流れています。あなたは河原でぼんやりと川の流れと，流れては去っていく葉っぱを眺めています。このイメージを維持します。

②川と葉っぱのイメージを維持しつつ自動思考に注意を向ける

①のイメージを維持しながら，注意を少しだけ自分の認知に向けます。出てきた自動思考をキャッチして，その自動思考を，川を流れる葉っぱに乗せます。また次に出てきた自動思考をキャッチして，それを葉っぱに乗せます。イメージの形で自動思考が出てきたら，そのイメージごと，葉っぱに乗せます。葉っぱは川の流れに沿って自然に流れていくので，あなた自身が葉っぱを流す必要は全くありません。あなたのするべきことは，①のイメージ（川の流れと葉っぱのイメージ）を維持しながら，自動思考をキャッチして，それを葉っぱに乗せ続けることです。

▶具体例

「ああ，川のイメージね，そうだなあ，小さい頃よく遊んだ多摩川をイメージしようかなあ。ガス橋のあたりで羽田のほうに流れていく広めの多摩川にしよう。そして，葉っぱね，葉っぱが一枚，また一枚と流れていくのね，うん，できた，川と葉っぱのイメージはできた」「そして自動思考ね……あ，出てきた，『多摩川，なつかしいなあ』……これを葉っぱに乗っける……あ，乗っかった……『小さい頃，ガス橋あたりで凧揚げしたなあ』……これも葉っぱに乗っけるのね……はい，乗っかった……あ，なんかイメージが出てきた，これはお兄ちゃんや近所の子たちと凧揚げをしている風景だ，このイメージも葉っぱに乗っけるのね……はい，乗っかった……『葉っぱのエクササイズ，結構面白いなあ』……これも葉っぱに乗っける……『今日の夕ご飯，何食べようかなあ』……あ，変な自動思考が出てきた，これも葉っぱに乗っけて……『あ，変な自動思考が出てきた』も自動思考だから，これも葉っぱに乗っけて……」（以下省略）

▶解説

これはとても有名なマインドフルネスのワークです。私もしょっちゅう自分で使いますし，研修やカウンセリングでも多くの方に取り組んでもらっています。このワークのコツは，①のイメージ（川の流れと葉っぱのイメージ）をひたすら維持することです。イメージワークなので，ときに気づいたら自分まで川にじゃぶじゃぶ入ってしまってい

たとか，気づいたら大量の葉っぱが溜まって川の流れがせき止められていた，ということも起こりえます。そうなっていることに気づいたら，気を取り直し，「自分は河原に座り，目の前にある川の流れと，その流れに乗って一枚，また一枚と流れていく葉っぱを見ている」という最初の状態にとにかく戻ってください。そして自動思考を一つずつ，一枚の葉っぱに乗せる，という作業を続けてください。また，ときに「やってみたけれども，うまく葉っぱを流せませんでした」と報告してくれる人がいますが，葉っぱを流す必要はありません。葉っぱを流してくれるのは，川の自然な流れです。川の流れが勝手に葉っぱを流してくれるのです。皆さんがするべきことは，「葉っぱを流す」ことではなく「自動思考を葉っぱに置く」ことだけです。そのことを忘れないようにしてくださいね。

◆ 流れゆく雲を眺めるエクササイズ ……④

▶やり方
　「葉っぱのエクササイズ」の別バージョンです。あなたは空を眺めています。大小の様々な雲が空を流れています。「青空を流れる雲」のイメージを保ちながら，自分の認知に注意を向け，出てきた自動思考をキャッチし，それを一つ一つ雲に乗せます。雲は自然に流れていくので，あなた自身がそれらの自動思考を流す必要はありません。空の中で雲が流れ，その流れていく雲に，自動思考を乗せ続けます。

▶具体例
　「川より空のほうがイメージしやすいかも」……「雲の流れはこれぐらいにしようかなあ」……「うん，青い空にいろいろな雲が流れているイメージができたぞ」……「空と雲をイメージするのって気持ちいいなあ」……あ，これが自動思考だ……「『空と雲をイメージするのって気持ちいいなあ』をあの雲に乗っけよう」……（自動思考に注意を向ける）……「そういえば，昨日，あいつはなんであんなこと言ったんだろう」……「この自動思考をこの雲に乗せよう」……「あいつの顔は笑っていなかった」……「この自動思考はあの雲に乗せてみよう」……「笑っていなかったどころか怒っていた？あいつ，怒っていたのか？」……「この自動思考はあの雲に乗せよう」……「昨日のあいつの顔が思い浮かんできた！」……「思い浮かんできたあいつの顔そのものを雲に乗せればいいのかな」「じゃあ，あの雲に乗せよう」……「いいなあ，むしろ俺が雲に乗りたい，雲に乗ったら気持ちいいだろうなあ」……「あ，そうかこれも自動思考だから，雲に乗せるのか」……「じゃあ，あっちの雲に乗せようかな」……（以下省略）

▶解説
　早すぎず，遅すぎず，ちょうどよい速度で流れていく雲をイメージできれば，あとは自動思考を雲に乗せるだけなので，それほど難しいワークではないでしょう。

◆ 駅を通過する貨物列車を眺めるワーク ……⑤

▶やり方

　これもイメージワークです。あなたは駅のホームのベンチに座っています。そのホームを貨物列車が通過していきます。荷物をどこかで降ろした後の列車なので，貨物列車は空っぽです。安全のため，列車はホームを通過するときにはスピードを緩めており，通り過ぎるまでには5～10秒ぐらいかかります。つまりあなたの目の前を5～10秒かけて貨物列車が通り過ぎます。次に，駅のベンチに座っているイメージを保ちながら，自動思考に注意を向けます。さて，自動思考が浮かんできて，あなたはそれをキャッチしました。ちょうどそのときホームに貨物列車が近づいてきて，今にも通過しようとしています。あなたはキャッチした自動思考を貨物列車の荷台にポーンと放り込みます。あなたの自動思考を荷台に積んだ貨物列車は，汽笛を鳴らし，スピードを上げて去っていきます。そしたら再度認知に注意を向けて次の自動思考をキャッチします。キャッチすると，実に都合よく次の貨物列車がやって来ます。あなたはその自動思考も通り過ぎる貨物列車の荷台にぽーんと放り込みます。この作業をしばらく続けます。

　※このワークは自動思考ではなく，気分・感情にも使えます。自分の中に生じた様々な気分・感情を，通り過ぎる貨物列車の荷台にぽーんと放り込むのです。自動思考バージョンは，③の「葉っぱのエクササイズ」④の「流れゆく雲を眺めるエクササイズ」と似ているので，ここでは気分・感情バージョンの具体例を紹介します。

▶具体例

　（感情バージョン）「ああ，もうイライラする！　腹が立って腹が立って仕方がない！」「怒りとイライラで自分が爆発してしまいそうだ」……「そうだ，貨物列車のワークをやろう」……駅のベンチに座っていて，貨物列車がホームを通り過ぎようと近づいてくる……「よし，あの列車に放り込んでやる」……貨物列車が目の前を通り過ぎる……怒りとイライラを荷台にポーンと放り込むイメージ……貨物列車が遠ざかる……「ダメだ，まだイライラする，怒りもおさまらない」……「次の貨物列車だ」……次の貨物列車がやって来て目の前を通過していく……「よし」……イライラと怒りを荷台にポーンと放り込むイメージ……貨物列車が遠ざかる……「あれ，ちょっとイライラと怒りが小さくなったかも。でもまだまだある。また次の貨物列車だ」……（以下省略）

▶解説

　通過する貨物列車の荷台に，自動思考や気分・感情を勢いよくポーンと放り込むのがコツです。5～10秒の間にポーンと放り込み，貨物列車は去っていくのみ。マインドフルネスのワークなので，自動思考や気分・感情を弱めることが目的ではありませんが，何度も勢いよくポーンと放り込むうちに，結果的に自動思考や気分・感情が弱まることが多いようです。

◆ シャボン玉のワーク ……⑥

▶やり方
　感情に対するイメージワークです。ストローをフーッと吹いて，シャボン玉を作ります。シャボン玉はあなたの気分・感情そのものです。シャボン玉となった自分自身の気分や感情をそのまま眺め，味わいます。一つ一つのシャボン玉はそのうち消えてしまいます。それを見届けましょう。

▶具体例
　「あー，私，今，ものすごく不安で心細い」……「そうだ，シャボン玉を吹いてみよう」……シャボン玉を吹くイメージ……「ああ，キラキラしたシャボン玉がたくさんだ！　きれいだなあ」……「このシャボン玉たちは私自身の不安，そして心細さなんだ」……シャボン玉を眺めながら……「ああ，不安だなあ，心細いなあ」……シャボン玉を眺めながら……「そうだよね，今，私は不安で心細いんだよね」……次第にシャボン玉が消えていくのを眺めながら……「ああ，シャボン玉が消えていく」……「私の不安や心細い気持ちはどうだろう」……「ああ，やっぱり不安だし心細いな」……「もう一回シャボン玉を吹いてみよう」……（以下省略）

▶解説
　気分・感情をシャボン玉の形でしっかり感じ，味わいながらも手放す，ということを目的としたマインドフルネスワークです。シャボン玉を吹くときは，実際に息を吐いてみるとよいでしょう。

◆ 感情や思いを壺に入れるワーク　……⑦

▶やり方

　お気に入りの壺を用意します（イメージでも，本物でも）。溢れ出しそうな感情や様々な思いを壺に入れていきます。壺に受け取ってもらいます。

　（イメージバージョン）お気に入りの壺のイメージをあらかじめ作っておきます。色，形，大きさなど，ありありとイメージできるよう，具体的に決めておきます。気分・感情や様々な認知（自動思考やイメージ）が強まったり，溢れ出しそうになったりしたら，すかさずそれに気づき，それらの思いや感情を自分の中で受け止めて，同時に壺のイメージを引っ張り出し，その中に思いや感情を流し込んでいきます。壺は心の片隅に置いておきます。壺に流し込んだ思いや感情は，壺の中にそのまま入っているので，ほとぼりが冷めたら覗きに行くこともできるし，後でそれらの思いや感情を壺から取り出すこともできます。

　（本物の壺バージョン）本物の壺を手に入れるなり，空のペットボトルなどを加工するなどして，自分の思いや感情をしまっておくお気に入りの壺を用意し，身近なところに置いておきます。あとはイメージバージョンと同じ。用意した壺の中に，自らの思いや感情を流し入れていきます。

▶具体例（イメージバージョン）

　①壺のイメージ

　「どんな壺がいいかな。たくさんしまっておけるよう，大きなものにしよう。大きくて，陶器の，どっしりとした壺にしよう。少しふくらみのある，円筒の壺。色は，そうだなあ，私の好きな色にしよう。オレンジ色。つやつやと表面が光っていて，見るだけでなんだか気持ちがあたたかくなるような，そういう壺。結構気に入ったかも」

　②感情や思いがわき出したら……

　「ああ，亡くなったお母さんのことを思い出したら，涙が止まらなくなってきた。なんであのとき，私はお母さんにあんなひどいことを言っちゃったんだろう。なんでもっと優しくしてあげられなかったんだろう。悲しいなあ。さみしいなあ。お母さんに会いたいなあ」……「ああ，そうか，こういう思いが出てきたら壺に入れるんだったっけ」……オレンジ色の大きな壺のイメージ……「お母さんに対する思いといろいろな感情に圧倒されそうだ。それをこの壺に入れるんだったな」……自分の思いや感情を壺の中にドドドッと流し込むイメージ……「ああ，いっぱいいっぱいなんだな，私」「いっぱいの思いが壺に入っていく」……「悲しみも後悔もさみしさも……あとなんで死んじゃったのよという思いも，それは怒りでもある……それらをすべて壺に入れておこう」……それらの思いや感情を壺に注ぎ込むイメージ……「あ，なんかすべて壺に入った気がする」……「私の思いがこの壺に入っているんだ」……（以下省略）

▶**解説**

　認知（自動思考やイメージ）や気分・感情が強まったときに，それに気づきを向けたうえで，それらを消そう，無くそう，抑えよう，とするのではなく，マインドフルに感じつつ，それらを壺という分身に置いておこう，壺に預かっておいてもらおう，というワークです。壺はただそれらの思いや感情を預かってくれているだけですから，あなたはいつでもそれらを壺の中に見に行くことができますし，壺から取り出すこともできます。

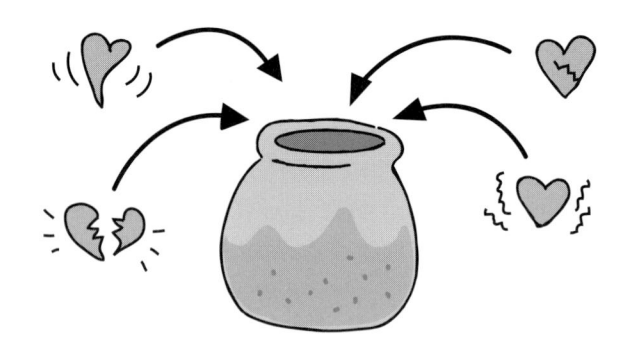

◆「うんこ」のワーク　……⑧

▶やり方

　これもイメージ技法です。自動思考や気分・感情は自分の体験を通じて結果的に出てきた排泄物（うんこ）としてみなします。自動思考がワーッと押し寄せてきたり，気分・感情がグーッと高まってきたらそれに気づき，それを「腸の中のうんこ」のイメージに転換し，便意として感じてみます。そしてトイレに行き，それらをうんことして排泄し，出したうんこをしばらく観察してから，トイレのレバーを引くか，センサーに手をかざすかします。そうするとトイレがうんこを流し去ってくれるので，あなたはそれをただ見ています。

▶具体例

　「なんかすごく昔の嫌な記憶が出てきた」……過去に同級生にいじめられたときの記憶がよみがえってくる……「ああ，なんで私なの？　なんで私がいじめられなければならないの？」……さらに記憶がよみがえる……「ああ，怖い！　怖い！　今度は何が起きるの？」……恐怖を感じる……「怖い怖い怖い怖い怖い」……「あ，そうだ，こういうときこそ"うんこ"のワークだ」……「記憶も，自分の思いも，怖いという気持ちも，身体の中のうんことして感じてみよう」……「ああ，うんこがどんどん溜まってくる」……「溜まってくる」……「もうこれ以上は我慢できないな」……「もうそろそろトイレに行って出してしまおうか」……トイレに行くイメージ……トイレに座って溜まりに溜まったうんこを排泄するイメージ……「ああ，すごいのが出た」……（お尻を拭くシーンは省略して）……便器の中にある自分のうんこを眺める……「うわあ，大きいのが出た，これが溜まりに溜まっていた私の思いや感情なんだ」……しばらく眺める……「もうそろそろ流そうかな」……トイレのレバーを引くイメージ……ジャジャジャーッと音がして，トイレに水が勢いよく流れて，その水の流れに巻き込まれてうんこが流されていくイメージ……「ああ，流れていっちゃった，さようなら，私のうんこ」……手を洗ってトイレから出るイメージ（以上）

▶解説

　普通私たちは便意を感じたら，それを否定することもなく，（よほど切迫した場合を除いて）いきなりそれに巻き込まれることもなく，その便意をありのままに感じながら，しかるべきタイミングでトイレに行って便器の中に排泄しますね。この態度って実にマインドフルなんです。しかも便器に排泄されたうんこを次に私たちはどうしますか？　普通観察しますね。うんこを目で観察して，「今日のうんこはこういう感じだな」とそれをそのまま受け止めますね。これも実にマインドフルです。そのうえで，うんこを流すわけですが，これも素手でうんこに触ってどうにかするのではなく，トイレのレバーを引いたり，センサーに手をかざしたりするなどして，あとは水洗トイレが勝

手にうんこを流してくれるに任せるだけです。直接的に流すのではなく，トイレが流してくれるのを見ているだけ。これも実にマインドフルです。というわけで，日々の排泄と同じような構えを自動思考や気分・感情に対して向けてみるのは，マインドフルネスの練習として，実に適切だと思います。

　その際，トイレに流してもらう前に，きちんと感じ，さらに観察することが重要です。うんこを見て，自分の健康状態を確認するのと同様に，自動思考や気分・感情を見て，自分の心身の状態をいったん確認するのです。このエクササイズ，私自身試してみて，かなり面白く，いろいろな発見があり，とても気に入っています。皆さんもぜひ試してみてください。

* * *

　さて，私自身が自分も実践しているマインドフルネスのワークを楽しく挙げていたら，結果的に8つものワークを紹介してしまっていました（笑）。これら8つのワークを毎日ガンガンにやってください，というわけではありませんが，とりあえずものは試しで，できれば1つずつ順番に試してみてください。そして使い心地のよかったワークを2つ，3つに絞り込み，それらを日常的に使ってみてもらうのがよいと思います。もちろん「全部のワークをマスターしたい！」という方は，ぜひ8つ全部を使い続けてみてください。

　といっても，今紹介した8つがすべてではありません。これらのワークは，認知行動療法の基本モデルの中でも，特に「自動思考（イメージを含む）」と「気分・感情」に焦点を当てたものです。認知行動療法の基本モデルには，他の要素もありましたよね。なんでしたっけ？……そうです，「身体反応」と「行動」です。次の「レッスン5-3」では，主に身体反応と行動に焦点を当てたマインドフルネスのワークをご紹介します。お楽しみに。

レッスン5-3　身体感覚や行動に対するマインドフルネス

　このレッスンでは，主に身体感覚や行動に対するマインドフルネスのワークに取り組んでもらいます。ただし身体感覚や行動に伴って自動思考や気分・感情も出てきた場合は，それらにも注意を向け，同じくマインドフルにそれらを受け止めてください。

ワーク5-2　身体感覚や行動に対するマインドフルネスのワーク

次に挙げる⑨から⑭までのワークにトライしてみましょう。

◆ レーズンエクササイズ　⋯⋯⑨

▶やり方

　身体感覚・行動系のマインドフルネスのワークで，世界で最も有名で，最も頻繁に行われているものです。レーズンを1粒用意します。そのレーズンを手に取って，眺め，においをかぎ，てのひらの上で転がし，指でつまみ，口の中に放り込み，舌先で触れ，口の中で転がし，歯で噛み，噛み砕き，噛み砕ききったら飲み込む……というふうに，「レーズンを1粒食べる」という行動をスモールステップで少しずつ行いながら，そのときの身体感覚を一つ一つありのまま感じ，描写していきます。もちろん同時に自動思考や気分・感情が生じたら，同じようにありのままに感じ，描写していきます。

▶具体例

　レーズンを右手でつまみ上げる。つまみ上げるときの指先の感覚を感じる。「軽いな」「レーズンをそのまま食べるなんてあまりないことだな」……親指と人差し指の先で少し強めにレーズンをつまんでみる。「意外と弾力があるな」「プニプニしている」……つまんだレーズンを顔に近づけてみる……レーズンを眺める……「意外にグロいな」……「ゴツゴツしていて岩みたい」……「いっぱい皺（しわ）がある」……レーズンを鼻先に持っていき，においをかいでみる……「ふーん，あんまりにおってしないもんだな」「かすかにレーズンのにおいがする」「あ，鼻の奥がツンとした」「あ，なんか口の中に唾（つば）が出てきた」……レーズンを左手のてのひらに乗せる……レーズンの重みを感じてみる……「てのひらだとこんなレーズン1粒でも重さがあるんだな」……「さっきまでレーズンをつまんでいた右手の親指と人差し指がちょっとべたべたしている感じがする」……左のてのひらの上でレーズンを転がしてみる……「意外に転がるなあ」「ああ，てのひらがくすぐったい！」……「もうそろそろ口の中に入れてみようかな」……再び右手でレーズンをつまんで，口の中にひょい！　とレーズンを放り込む……「お，口の中に勢いよくレーズンが入ってきた！」「口の中で転がった！」「口の中がくすぐったい！」……（まだレーズンを噛まずに）舌先でレーズンに触れたり，口の中でレーズンをゆっくり転がしたりする……「あ，レーズンの味だ」「舌先からレーズンの味がじわって広がってきた」「あ，口の中に唾がじゅんじゅん出てくる」「歯で触ると，レーズンって結構硬いんだなあ」……前歯や奥歯を使って，レーズンの硬さを確認する……「結構弾力がある」「ああ，もうそろそろ噛みたいなあ」「このまま噛み切ってしまいたい」「もう口の中が唾だらけだ」……レーズンをひと噛みする……「うわあ，レーズンってこんなに甘酸っぱいんだっけ？」「ひと噛みしただけで，レーズンの味が舌に突き刺さってくる感じがする」……ひと噛みして2粒になったレーズンの味をしばらく感じる……「ものすごく味が濃い」「噛んだら鼻からもにおいが抜けてきた」「強烈だ！」「口の中がレーズン風味の唾でいっぱいになってきた」……唾を飲み込む（レーズンは

まだ飲み込まない）……ごくん……「レーズン味の唾が喉を通った」……レーズンを奥歯でゆっくりと噛み砕いていく……「わあ，噛めば噛むほど，レーズンが細かくなっていくなあ」「わあ，噛めば噛むほど，口の中がレーズンワールドになっていくなあ」「すごい，唾ばっかり出てくるんだけど」……レーズンを噛み続ける……「もうレーズンが細かいかけらになってきちゃった」「もうそろそろ飲み込みたいな」「いい加減飲み込んでしまいたいなあ」……「飲み込みたい」という思いを味わいながら，飲み込む……ごくん……「あ，レーズンのかけらが喉を通っていく」……さらにごくん……「細かいかけらが喉を通っていく」「鼻からレーズンのにおいが抜けていく」「口も鼻も喉もレーズンにまみれている」……口の中に残ったレーズンのかけらを舌で探し当てながら，すべてのレーズンのかけらを飲み込む……「口の中にレーズンがなくなった」「レーズンはないけど，口の中はまだレーズンの味が残っている」「レーズンの余韻がする」（以上）

▶解説

　「たった1粒のレーズンを食べる」という行動を細分化し，その行動をゆっくりと少しずつ進めながら，その時の身体感覚（五感），自動思考，気分・感情を一つ一つ大事に受け取って，味わいましょう，というワークです。レーズン1粒食べるというシンプルな行動に，実に様々な感覚，思考，気分がギューッと詰まっているのが，おわかりいただけたでしょうか。こういうふうに行動を細分化し，一つ一つを味わう，というワーク自体に慣れていない人は，「もどかしい」「もっと早く先に進みたい」という自動思考や気分・感情が生じるかもしれません。そうしたら「今，『もどかしい』って思っちゃったなあ」「私，先に進みたがっているんだなあ」と受け止めつつ（つまりそれらの思考や感情もマインドフルに味わいつつ），ワークを行ってください。慣れてくると，このワークの中にゆったりと留まって，一つ一つの細かい体験を大事に味わえるようになります。

◆ バーチャル味噌汁エクササイズ ……⑩

▶やり方

　自分の好きな味噌汁を具体的にイメージします（例：具，出汁，味噌の種類，器，箸など）。レーズンエクササイズと同様の要領で，想像上の味噌汁をマインドフルに味わいます。（本物の味噌汁を使ってエクササイズをしても構いません）

▶具体例

　「何の味噌汁にしようかなあ」……「なめこの味噌汁がいいかなあ」……「去年，温泉旅行に行ったときに出てきたなめこの味噌汁がめちゃくちゃ美味しかったんだ」……そのときの味噌汁の様子をありありとイメージする（赤だし味噌，つるつるしたなめこの粒，小さな塗りのお椀，高級そうな塗り箸）……「よし，この味噌汁でやってみよう，あれ美味しかったなあ」……目を閉じて蓋のついた赤塗りのお椀をイメージする……蓋を取るところをイメージする……「ああ，味噌汁から湯気が立ち上っている」「出汁のいいにおいがしてきた」……お椀を自分の手元に引き寄せるところをイメージする……「あ，お椀がちょうどいい温度だ。熱すぎないし，冷めてもいないし」……お椀の中を覗き込むところをイメージする……「あ，なめこだ。つやつやしていて，まあるくて，小さくて，本当に美味しそう」……お椀を両手で持って鼻先に持ってくるところをイメージする……「うーん，赤だしのいい匂い……うーん，これでご飯が食べたいなあ」……うっとりする……「ああ，うっとりしてきた」……お椀を口元に近づけ，まずは汁をすする……ズズズー……「ああ，美味しい，赤だしの味噌汁は，たまに食べると本当に美味しいな」「旅館の味噌汁って本当に美味しい」……汁がツーッと喉を通って，食道を通過していくのを感じる……「ああ，身体に染み渡る，温かい汁が染み渡る」……一度お椀をテーブルに置き，右手で箸を持って，左手でお椀を持つところをイメージする……「さて，なめこだ，なめこを食べよう」……ウキウキしてくるのを感じる……箸でなめこをつまもうとするところをイメージする……なめこがつるつるするので，なかなか取れないところをイメージする……「なめこって箸でつまむのが難しいんだよな」……結局箸でつまむのをあきらめ，お椀を口元に持っていき，箸を使ってなめこを1粒，口の中に入れるところをイメージする……なめこのつるんとした表面の感触をまず楽しむ……「うわ，ちゅるちゅるしている，美味しい！」……舌で感触をひとしきり味わったあと，口の中でなめこを転がし，味わう……「美味しい！ 美味しい！ 美味しい！」……歯でなめこを噛むところをイメージする……なめこの弾力性や独特の味を，しみじみと味わう……（以下省略。味噌汁を飲みきるところまでイメージを続ける）

▶解説

　レーズンエクササイズは，すべての食べ物に応用できます。日本で暮らす私たちにな

じみの深い味噌汁にも応用できます。本物の味噌汁を使って，レーズンエクササイズのように味噌汁をじっくり味わうこともももちろんできますが（ただ，本物の味噌汁を最後までマインドフルに食べたら，途中で汁が冷め切ってしまいますね。時間がかかりますから），味噌汁をバーチャルにイメージして，イメージの中でマインドフルネスのエクササイズをすることもできます。

　せっかくのイメージワークです。いろいろな味噌汁を想定して，様々なワークをやってみましょう。小さい時に食べていた「お母さんの味」の味噌汁。普段家で作って食べている，自分の好きな味噌汁。行きつけの定食屋さんでよく出てくる味噌汁。コンビニでたまに買って食べるインスタントの味噌汁。具も，「豆腐とワカメ」とか「しじみ」とか馴染みのあるものから，「高級伊勢海老」とか「カニみそ入り」とか，普段，あまり食べられないものをイメージするのも楽しいです。また味噌汁ではなく，豚汁とか，けんちん汁などでもいいですし，ポタージュスープやオニオングラタンスープなどに応用することもできますね。

レッスン **5** マインドフルネスを体験しましょう

◆ 呼吸のマインドフルネス ……⑪

▶やり方
　生きている限り「息」はずっとしています。呼吸のマインドフルネスでは，呼吸を「はい，吸って！」「次は，吐いて！」と意図的にコントロールすることは一切せず，自分の呼吸（身体から出ていく息，身体に入ってくる息）をただそのまま感じます。

▶具体例
　「自分の呼吸に意識を向けてみよう」……鼻から息が出ていくのに気づく……「あ，鼻の穴から息が出ていった」「出ていった息は下の方に広がって消えた」……今度は鼻に息が入ってきたのに気づく……息が下から鼻の穴に入り，上に向かって入ってくるのを感じる……「あ，鼻から息が入ってきた」「入ってきた息が自分の身体の中に消えていった」……今度は口から息を吐いていることに気づく……「あ，口から息が出てきた」「口からだといっぱい出ていく感じがするな」「ため息みたい」……息を吐ききったことに気づく……「あ，吐ききった」……吐ききったら，自然に鼻から息が入ってきたことに気づく」……「あ，ひとりでに鼻から息が入ってきた。新鮮な息が鼻毛を撫でながら体に入ってくる感じがする」「鼻の穴の中がさわやかだ」……吸ったときにお腹がふわりと膨らんだことに気づく……「あ，お腹のあたりがふわっと膨らんだ。鼻から入った息が，お腹に入ったのかな」……口から息を吐いているのに気づく……「またもや口から吐いている，プチため息っぽい」……吐いた息が下の方に広がって消えたことを感じる……「あ，吐いているうちに，膨らんだお腹がしぼんでいった」……（以下省略）

▶解説
　伝統的なリラクセーション法や呼吸法では，意図的に呼吸をコントロールしますが（たとえば2つ数えながら鼻から息を吸い，8つ数えながら口からゆっくりと吐くなど）。呼吸のマインドフルネスでは，マインドフルネスの原則どおり，一切のコントロールを手放し，あるがままを受け止め，味わいます。その時々に自然にしている呼吸をただ観察したり感じたりする，というのがこのワークのすべてになります。したがって，たとえば緊張して呼吸が浅かったり速かったりしても，無理に深呼吸をして落ち着かせようとするのではなく，その浅かったり速かったりする呼吸を，ただそのまま感じ，味わいます。

◆ ボディスキャン　……⑫

▶やり方
　CTスキャンという病院の検査がありますね。身体を輪切りにして画像を撮るのがCTスキャンです。スキャンとは「輪切り」のことです。このボディスキャンというワークでは，頭のてっぺんから足の爪の先まで，身体を輪切りにするイメージでそれぞれの箇所に注意を向け，身体感覚をモニターしていきます。横になってやってもいいですし，座った状態でも立った状態でも構いません。頭から始めてもいいですし，足から始めても構いません。自由にトライしてみましょう。

▶具体例
　（あお向けの状態で，目を閉じて）……「今日は頭から始めてみようかな」……「頭のてっぺんはどんな感じだろう？」……頭頂部に注意を向け，頭頂部の感覚をそのまま感じる……「それより少し下の部分はどんな感じだろう？」……おでこの箇所で頭を輪切りにしてそのあたりの感覚に注意を向け，それを味わう……「それより下は？」……まゆ毛の箇所で頭を輪切りにし，そのあたりの感覚に注意を向け，それをそのまま感じる……「それより下は？」……まぶたの箇所で頭を輪切りにし，そのあたりの感覚に注意を向け，それを味わう……「それより下は？」……両眼の箇所で頭を輪切りにし，そのあたりの感覚に注意を向け，それをそのまま感じる……（以下省略。このように輪切りにしてはその輪切りの箇所に注意を向け，感覚を味わう，という作業を頭部，頸部，胸部，上腹部，中腹部，下腹部，局部，鼠蹊部(そけいぶ)，太もも，膝，脛(すね)やふくらはぎ，足首，足底部，足の指先にかけてまんべんなく行う）

▶解説
　身体感覚に注意を向け，たとえ頭が重くても，眼が疲れていても，喉が痛くても，肩が凝っていても，腰が痛くても，足がかゆくても，それらを嫌がらず，そのまま「重いなあ」「痛いなあ」「かゆいなあ」と受け止め，味わいます。ただし，私の場合横になってこれをやると，頭から始めた場合は胸のあたりで，足の指先から始めた場合は太もものあたりで，寝落ちしてしまうことが多いです（笑）。

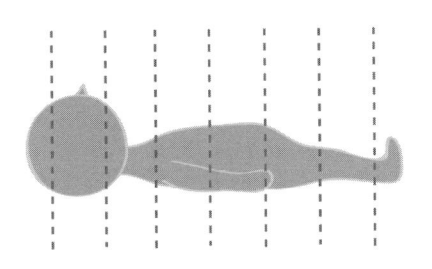

◆ 歩くマインドフルネス ⑬

▶やり方

「歩く」という行動を通じて，足をはじめとする身体の様々な箇所に注意を向け，様々な感覚に気づき，それらの感覚をありのままに受け止め，味わう，というワークです。ゆっくり歩いたほうがより様々な感覚をきめ細かくキャッチすることができるでしょう。

▶具体例

（家の中の廊下にて）「さて，"歩くマインドフルネス"をやってみよう」……まずは両足で立っている……両足の裏に注意を向ける……「床のフローリングがひんやりして気持ちがいいな」……「どっちの足から歩こうかな」……「右足から行きたい感じがする」……右足から歩こうとしたまさにそのとき……「右足のかかとが浮いた！」……「右足のつま先はまだ床についている！」……「右足の親指が曲がった！」……「そしたら体重が左の足に移った！」……左足に注意を向ける……「左足の太ももが緊張している」……「左足の裏に体重がかかっている」……「左足の裏が床をしっかりと押している」……一歩前に出ようとして，右足が宙に浮く……右足に注意を向ける……「右足の足の裏がふわっとする」「なんか右足が心細い感じがする」……左足に注意を向ける……「おお，左足だけで体重をしっかりと支えている」……「なんか，腹筋にも力が入っている気がする」……宙に浮いた右足を少し前の床に着地させようとする……「あ，かかとが床についた」……「かかとから指のほうにかけて少しずつ床についていく」……「体重が右足にも戻ってきた」……「あ，今『一歩進んだ』という感じがあった」……「右足の足の裏が床にしっかりとついた」……「何か右足が安心した感じがする」……左足に注意を向ける……「あ，右足が着地したら，左足のかかとが浮いている！」……「かかとが宙に浮いた！」……「左の膝が曲がった」……「体重がどんどん右に移っている」……「左足の親指が曲がった」……「左の足が宙に浮いた！」……「今，完全に右足で身体を支えている」……「右足の裏が力強く床を踏んでいる！」（以下省略）

▶解説

普段何気なくやっている「歩く」という動作も，「具体例」のように，各動作を限りなく細分化してゆっくりと行うと，実に様々な身体感覚に満ち満ちているということがよくわかるワークです。上の「具体例」なんか，2歩しか歩いていないのですよ。ちなみにこのワークは，自宅など，人がいないところでやったほうがいいと思います。思いっきり挙動不審なので。

◈ 香りのマインドフルネス　……⑭

▶やり方
その名のとおりです。何か香りのするものを用意して（最初は自分の好きな香りがよいでしょう），その香りをありのままに感じ，味わうワークです。

▶具体例
ラベンダーのアロマオイルが入ったボトルを用意する。ボトルの蓋を開け，鼻に近づけ，香りを鼻から吸い込む。その香りをありのままに感じ，自分の中に出てきた様々な反応をキャッチし，それらをすべて堪能する。「ああ，いい匂い！」「あまーい香りだなあ」「北海道のラベンダー畑のイメージが出てきた。いつかあそこに行ってみたいなあ」「ああ，本当にいい匂い」「全身の力が抜けてきた。リラックスするなあ」

▶解説
香りは理屈抜きで身体に入ってくるので，身体感覚のマインドフルネスのワークが非常にしやすく，誰にでもおすすめできます。自分の好きな香りを用意して，それの匂いをかぐときに，ちょっとだけマインドフルネスのことを意識してもらえればそれで十分です。何の香りでも構いません。たとえば……アロマオイル，香水，コーヒー，紅茶，日本茶，その他様々なお茶，ワインやウイスキーなどのお酒，様々な食材や調理された食べ物，道端で咲いている花，お花屋さんで売っている花，雑草，入浴剤や柔軟剤，洗剤やせっけん，シャンプーやコンディショナー，芳香剤，化粧品，その他何でも。

レッスン5-4　ストレス体験に対するマインドフルネス

　さて，これまでは日常生活における様々な体験に対するマインドフルネスのワークを紹介してきました。特に身体感覚や行動に対するマインドフルネスについては，どちらかというと快適な体験や快でも不快でもない中立的な体験に対するワークをご紹介しました。しかしマインドフルネスのワークは，快体験や中立的体験に限って行うものではなく，私たちのすべての体験に対して実践されるべきものです。快適な体験はマインドフルに受け止め，不快な体験は「嫌だから避けたい」といった都合の良い話ではないのです。私たちは生きていれば，いえ，生きているからこそ，ものすごくうれしい体験をすることもあれば，ものすごくつらい体験をすることもあります。うれしいともつらいとも判断がつかないような微妙な体験も多々あるでしょう。それらの体験を「これはマインドフルに味わう」「この体験は嫌だから，味わわない」と判断すること自体が，マインドフルではない（言い換えるとマインドレスである）ということになります。マインドフルネスの思想は，人生のすべての体験に自分を開き，すべての体験を自らのものとして受け止め，眺め，味わい，そして最後にそっと手放す（正確に言うと「自ら手放す」のではなく，体験が勝手に去っていくのを「見守る」ということにはなりますが），というものです。というわけで，せっかくマインドフルネスを実践するのであれば，ストレス体験や不快な体験に対しても，マインドフルに受け止める，という心持ちで生活してみましょう。

　その際，せっかくですから皆さんがすでに理解し，身につけた認知行動療法の基本モデルを使いましょう。図5-5にあらためて基本モデルを示します。

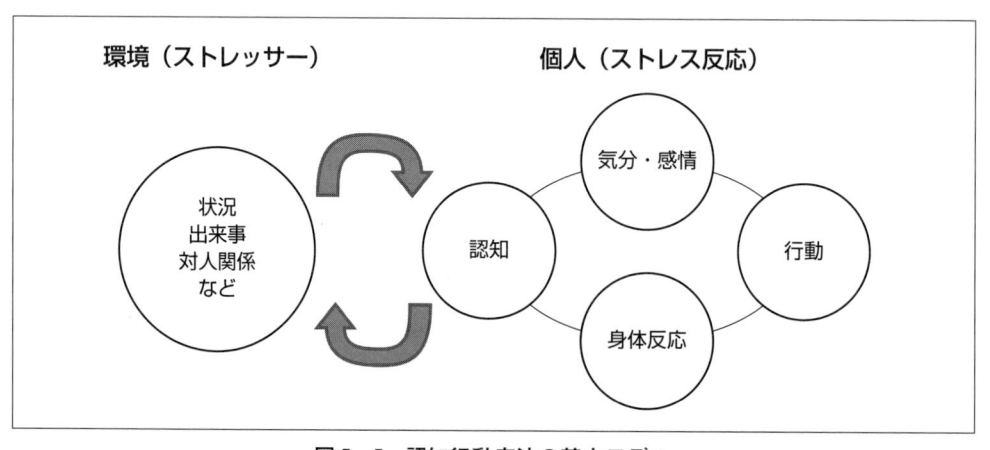

図5-5　認知行動療法の基本モデル

ワーク5-3　ストレス体験に対するマインドフルネスのワーク

　ストレス体験に気づいたら，認知行動療法のモデルに沿ってセルフモニタリングを行いつつ，モニタリングを通じて気づいたことを，評価や否定をすることなしに，優しく受け止め，興味を持って味わい，最後に優しく手放しましょう。レーズンエクササイズと同様に，ご自分のストレス体験のすべてを細やかに，味わいつくすのです。以下に具体例を2つ挙げますので，それを参考にしてください。なお以下に挙げる2つは，「レッスン4」で紹介したカスミさんとヤスコさんのストレス体験に対するマインドフルネスの例です。2人のストレス体験については，71ページに紹介した外在化のツールを参照してください。

❖ ワーク5-3の例：カスミさんの場合

- **ストレッサーに対するマインドフルネス**：「あー，やいこったら彼氏の話ばっかりしている」「あー，私，そのことにストレスを感じているんだな」「やいこが彼氏の話ばっかりしていることが，今の私にとってはストレスなんだな」
- **自動思考に対するマインドフルネス**：「『なんだよ，せっかく久々に会ったのに，彼氏の話ばっかかよ！』……と思っちゃったなあ」「『私の方は最近失恋したばっかなのに，やいこ，無神経じゃね？』……という自動思考が出てきたなあ」「あれれ，『少しは人の話も聞けよ』という自動思考も出てきたぞ，私，結構怒ってる？」「『どうせ私は失恋ばっかだし，いつまでたってもいい男にめぐりあえないんだ』……わあー，いっぱい思考が出てくるなあ，結構自動思考がグルグルしてきてる，ストレスを感じると私の頭の中は忙しいなあ」「『やいこばっかりいい思いしている。私にはいいことなんて何もない』……とうとうこんな自動思考が出てきたか。そうか，私は今，こんなふうに考えているんだ，ふーん，そうなのか」
- **気分・感情に対するマインドフルネス**：「あ，結構イライラしてきた」「このイライラをそのまま感じてみよう」「なんか，傷ついた感じもあるなあ，この傷つきもそのまま感じてみよう」「うわ，結構むかついている。これはやいこに対するむかつきだな。このむかつきもそのまま感じてみよう」「怒りも出てきた。怒りもこのまま味わってみよう」「考えがグルグルするうちに，がっかり感とか，落ち込みとか，絶望感とか，なげやりな感じとか，なんだかいろんな気分や感情がいっぱい出てきた！　これらもすべてひっくるめて私自身の気分や感情なんだ。だからそのままマインドフルに受け止め，感じ続けてみよう」
- **身体反応に対するマインドフルネス**：「あー，やいこの話を聞きながら，自動思考や

気分がグルグルするうちに，だんだん身体がおもーくなってきた。ああ，なんか全身が重いし，頭も重いなあ。この重さをそのまま感じていよう」「重さを感じていたら，今度は身体の力が抜けるような感じがしてきた。この感じもそのまま感じていよう」

- 行動に対するマインドフルネス：「あ，なんか，私，適当にやいこの話を聞き流しているなあ，結構不機嫌な態度をとってるかも……それもマインドフルに観察していればいいんだよね」「スマホいじってるし……でもいいんだもん，マインドフルネスだもん」（以下省略）

❖ ワーク5－3の例：ヤスコさんの場合

- **ストレッサーに対するマインドフルネス**：「ああ，私，会議のプレゼンがストレスになっている」「プレゼンがストレスだー！」「プレゼンがでっかいストレスだ！」※プレゼンがストレッサーであることを感じ続ける。
- **自動思考に対するマインドフルネス**：※葉っぱのエクササイズを用いる。「声が震えたらどうしよう」を葉っぱに乗っける，「あ，やばい，声が震えてきた」を葉っぱに乗っける，「どんどん震えがひどくなってきた。どうしよう」を葉っぱに乗っける，「みんなに震えに気づかれている。恥ずかしい」を葉っぱに乗っける……（以下省略）
- **気分・感情に対するマインドフルネス**：「ああ，不安になってきた，不安だなあ，不安だなあ，この不安をそのまま感じていればいいんだ，ああ不安だなあ」「ああ，緊張もしてきた，緊張するなあ，緊張するなあ，この緊張をそのまま感じていよう，ああ，緊張するなあ」（以下省略）
- **身体反応に対するマインドフルネス**：「全身が緊張する！　これをそのまま観察して感じるんだ」……全身の緊張を観察し，感じ続けようとしてみる……「うわ，喉がつまってきたような気がする，これもこのまま観察して感じてみよう」……喉の感覚をモニターし，そのまま感じようとしてみる……「胸がドキドキしてきたぞ，これもそのままにして，観察し，マインドフルに味わってみよう」……胸のドキドキをモニターし，ありのままに味わおうとしてみる……（以下省略）
- **行動に対するマインドフルネス**：※その時々の行動をただ実況中継する。「私は今震えながらプレゼンしている」「今私は震えながらプレゼンしている」「今プレゼンが終わった」「自分の席に戻ろうとしている」「席に戻った」「席を立つことにした」「洗面所に向かっているところ」「洗面所についた」「時間つぶしのため洗面所で手を洗っている」「時間つぶしのためにトイレで用をすませることにした」「もう一回洗面所で手を洗っている」（以下省略）

カスミさんとヤスコさんの例を読み，ストレス体験に対してマインドフルネスのワークを行うということがどういうことか，つかんでもらえたでしょうか。コツは「ストレス体験を嫌がらず，ありのままに受け入れる」ということです。生きていればストレス体験は必ずあります。自分にとって良い体験，ハッピーな体験はマインドフルに受け止め，ストレス体験は嫌がる，というのは，実はとても虫のよい勝手な構えです。ハッピーな体験もストレス体験も等しくその体験に注意を向け，受け止め，味わい，そしてそのうちにその体験は必ず終わっていくので，それを見届ける（言い換えれば「手放す」）ということを行うのが，マインドフルネスの神髄です。ストレス体験はマインドフルネスの「ネタ」の宝庫なのです。

　マインドフルネスのワークに慣れてきて，ストレス体験すら「ネタ」として捉えられるようになると，これだけでかなり生きる実感が変わってきます。マインドフルネスには「ネガティブ」も「ポジティブ」もなく，すべて自分の体験として等しくそれを感じることができればそれで十分です。ストレス体験だからといって嫌がらず，「おっと，新たなネタが来たぞ」と自然と思えるようになったら，それはかなりマインドフルネスをしっかり身につけることができた，と言えるでしょう。

レッスン 5-5　マインドフルに暮らす，マインドフルに生きる

　さて，マインドフルネスについてこれまで様々なワークをご紹介してきましたが，それらのワークを通じて「マインドフルネスってこういうことか」という実感をつかめたら，特にワークを設定しなくても，日々の生活の中で，ありとあらゆる体験に対して，マインドフルネスを実践できるようになります。

　たとえば日々の食事。レーズンやバーチャル味噌汁のエクササイズを紹介しましたが，わざわざそういうワークを設定しなくても，日々の食事に対して少しだけマインドフルネスを心がけることでも十分にワークができます。とはいえ，レーズンエクササイズのようなことを1回の食事に対して行うと，大変な時間と手間がかかりますので，たとえば「日々の食事の最初の一口目をマインドフルに食べてみる」とか，「日々の食事の最後の一口だけ，超マインドフルに食べてみる」というような工夫をするとよいでしょう。

　食事ではなく，飲み物を使うこともできます。日々，飲んでいる水やお茶，コーヒーやお酒などに対し，マインドフルネスを心がけるのです。これはやってみると実感してもらえると思いますが，食事や飲み物に対してマインドフルネスを心がけると，決まってそれらの飲食物の味がしっかりと感じられるようになります。たとえば私はよく飲み水に対してマインドフルネスを実践しますが，「水ってこんなに甘かったっけ？」と毎回新鮮に驚きます。食べ物の味もしっかりと感じられるので，味付けが薄くなり減塩に

なるという副効果もありました。

　正直言って私は家事があまり好きではなかったのですが（そして今も「大好き！」というほどではありませんが），マインドフルネスを身につけたら，家事が苦ではなくなる，という体験をしました。たとえば料理の下ごしらえ一つ取っても，以前は「面倒くさいなあ」と思って野菜を洗ったり切ったりしていましたが，「あ，そうだ，下ごしらえにもマインドフルネスだ！」とマインドフルネスのことを思い出すことができると，野菜を洗うといっても，野菜の種類によって一つ一つ手触りが異なり，包丁で切るときも，野菜の種類によって一つ一つ切る感覚が全く異なるので，それがとても面白いのです。切るときに，その野菜ならではの香りやにおいもしっかり感じ取れますし。皿洗いも一緒です。皿の汚れ方や汚れの成分によって，洗っているときの手触りが全く違っていて，それを感じるのも楽しいですし，スポンジやたわしの感覚，蛇口から出る水やお湯の感覚，鍋にこびりついたカレーをこそぎ落とすときの感覚や「面倒くさいなあ」という自動思考，そういうのもひっくるめてマインドフルに感じようとすると，そういった家事が「嫌なこと，面倒なこと」ではなく一つ一つ「マインドフルネスの練習のネタ」になっていくのです。最近はトイレ掃除もマインドフルにできるようになりつつあります（笑）。

　外を歩くときも同じです。私は以前，たとえば外でウォーキングするとき，退屈してしまうのでiPodを使って音楽を聴くなどして気を紛らわせていたのですが，マインドフルネスを学んでからは，太陽の光のあたたかさ，風のそよぎ，足の裏の感覚，道端の草や花，一瞬一瞬に頭をよぎる自動思考……といったその時々の自分の体験に気づきを向けられるようになり，そうなると退屈どころか，様々な気づきでいっぱいになり，音楽を聴くどころではないことを発見しました。私は寒いのが苦手なので，冬は大嫌いだったのですが，冬の寒ささえ，マインドフルに感じられるようになると，さほど嫌なものではなくなってきました。

　というわけで，マインドフルネスに関する最終的な目的は，「マインドフルに暮らす，マインドフルに生きる」ということなのだと思います。といっても四六時中マインドフルネスのことだけを考えましょう，ということではありません。一日の中で，何度かマインドフルネスについて思い出し，その場その場でやっていることに対し，マインドフルな構えを持てればそれで十分だと思います。あとは前節で紹介したとおり，ストレスを体験したら即それをネタとしてマインドフルに受け止められるようになればよいでしょう。そうなるためにもまず，「レッスン5-2」「レッスン5-3」で紹介した様々なワークをいろいろと体験してみましょう。

レッスン5のまとめ

1) マインドフルネスとは「自らの体験（自分自身を取り巻く環境や自分自身の反応）に，リアルタイムで気づきを向け，受け止め，味わい，手放すこと」です。「自らの体験を優しくセルフモニタリングすること」とも言えます。
2) マインドフルネスは理屈での理解ではなく，様々なワークを通じて体験的に身につけることが大切です。
3) マインドフルネスには，自動思考・感情系のワーク，身体反応・行動系のワークの2種類があります。様々なワークをまずはご自分で体験してみましょう。
4) ストレス体験をネタにしてマインドフルネスの練習をすることもできます。ストレス体験をマインドフルにセルフモニタリングするよう日々の練習を積み重ねましょう。
5) マインドフルネスに慣れてきたら，日々の生活におけるありとあらゆる体験に対してマインドフルネスを実践するようにしてみましょう。

Homework レッスン5のホームワーク

1）「レッスン5」で紹介したマインドフルネスのワークのすべてにトライしてみましょう。トライした結果，どのワークが自分に合っていそうか，どのワークが気に入ったか，①〜⑭の中から，ベスト3を挙げてみましょう。

★「レッスン5」で紹介したマインドフルネスのワーク（86〜96, 98〜105ページ）
- 「と思った」ワーク……①
- 気分・感情の実況中継……②
- 葉っぱのエクササイズ……③
- 流れゆく雲を眺めるエクササイズ……④
- 駅を通過する貨物列車を眺めるワーク……⑤
- シャボン玉のワーク……⑥
- 感情や思いを壺に入れるワーク……⑦
- 「うんこ」のワーク……⑧

- レーズンエクササイズ……⑨
- バーチャル味噌汁エクササイズ……⑩
- 呼吸のマインドフルネス……⑪
- ボディスキャン……⑫
- 歩くマインドフルネス……⑬
- 香りのマインドフルネス……⑭

どのワークが気に入りましたか？　ベスト3を以下に挙げてみましょう。

2）日々のストレス体験に対して，それに気づいたらマインドフルに受け止める，ということを心がけてみてください。心がけるだけでも，もちろんよいのですが，せっかくですので，その体験を1つか2つ，外在化してみましょう。「いつ，どこで，どんなふうにストレス体験に気づいて，それに対してどういうふうにマインドフルに受け止めたか。やってみてどうだったか」ということを自由に書いてくれればOKです。

ストレス体験に対するマインドフルネスの記録

ストレス体験に対するマインドフルネスの記録

3）「マインドフルネス」を意識しながら，日々の生活を送ってみましょう。あるいは日々の生活を送りながら，時々「マインドフルネス」を思い出し，その時々の体験に対してマインドフルになってみましょう。これもそのように心がけ，実施してもらえればそれで十分なのですが，せっかくなので，1つ2つ，その体験を外在化しておきましょう。「いつ，どこで，どんな体験に対して，どういうふうにマインドフルネスを実践したか。やってみてどうだったか」ということを自由に書いてくれればOKです。

日々の生活におけるマインドフルネスの記録

日々の生活におけるマインドフルネスの記録

◆参考図書

- マーク・ウィリアムズ ほか（著），越川房子 ほか（訳）『うつのためのマインドフルネス実践―慢性的な不幸感からの解放』2012年，星和書店
- スティーヴン・C・ヘイズ ほか（著），武藤崇 ほか（訳）『ACT（アクセプタンス＆コミットメント・セラピー）をはじめる―セルフヘルプのためのワークブック』2010年，星和書店

レッスン6 日々コーピングを実施し，レパートリーを増やしましょう
―― 自分助けを日々の習慣にする

🐌 レッスン6で何をするか

　スキーマ療法のお膳立てシリーズもこれで最後です。これまでスキーマ療法のお膳立てとして，認知行動療法の基本スキルである「セルフモニタリング」と「マインドフルネス」について学んでもらいました。この2つについてはいかがでしょうか？　日々の生活での練習や実践を通して，少しずつ身につけてもらえているでしょうか。

　この「レッスン6」のテーマは「コーピング」です。コーピングという言葉は「レッスン3」で何度も出てきたので，覚えている人もいるでしょう（もちろん忘れていてもいいのですよ，気にしない気にしない！）。

　さてここで「レッスン3」で紹介した，「認知行動療法の手順」という図を再度提示します（図6-1）。認知行動療法では，まず「ステップ1」として，「ストレス体験を，認知行動療法のモデルを使って観察し，理解する」ということを行います。そのうえで「ステップ2」として，「認知と行動のコーピングによって，自分を助ける」ということを行います。

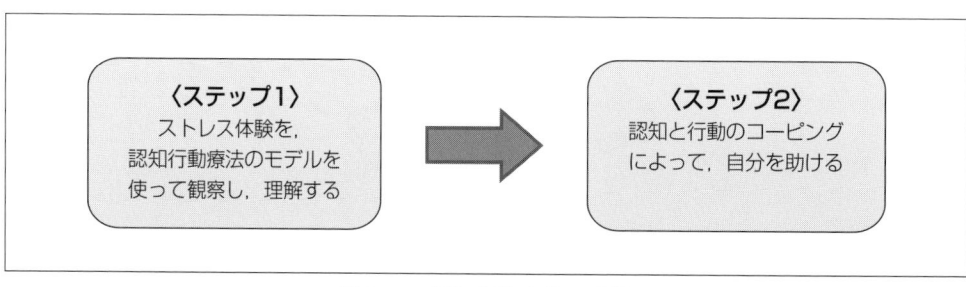

〈ステップ1〉ストレス体験を，認知行動療法のモデルを使って観察し，理解する　→　〈ステップ2〉認知と行動のコーピングによって，自分を助ける

図6-1　認知行動療法の手順

　「レッスン4」「レッスン5」で紹介したセルフモニタリングとマインドフルネスは，基本的に「ステップ1」に関わるスキルであることがおわかりいただけるでしょうか。

自らのストレス体験を観察することそのものがセルフモニタリング，観察したことをありのままに受け止め，味わい，結果的に手放していくことがマインドフルネスでした。

この「レッスン6」のコーピングは，「ステップ1」ではなく次の「ステップ2」に属します。「ステップ1」で自分をマインドフルに観察し，それが「自分助け」として機能して，それ以上の「自分助け」が必要ない，ということであれば何もする必要はありません。しかし「ステップ1」のマインドフルな自己観察を経てなお，「ストレス反応が苦しい，何かさらなる自分助けが欲しい」という場合は，「ステップ2」に進み，「コーピング」という名の自分助けをする必要が生じてきます。

「レッスン3」でも述べたとおり，コーピング（正確には「ストレスコーピング」）とは，「ストレス体験に対する意図的な対処のプロセス」のことです。ストレスコーピングについての図も再びここでご紹介しておきましょう（図6-2）。

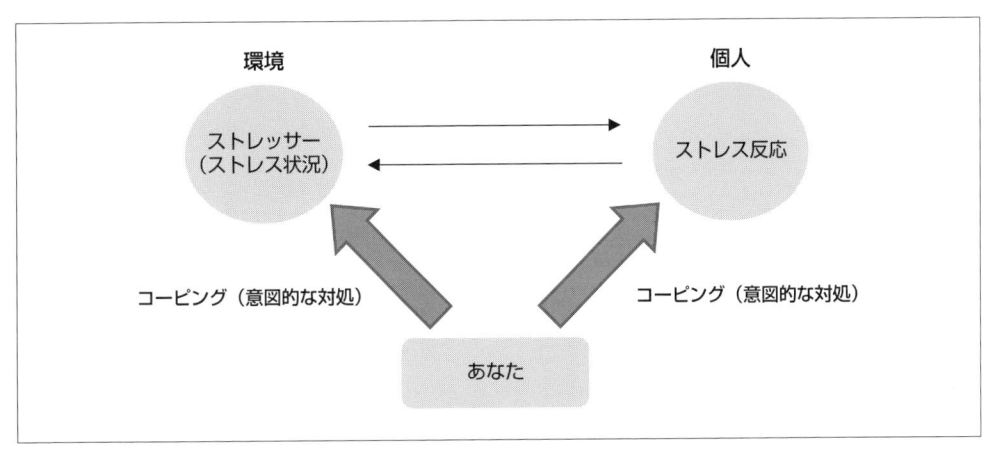

図6-2 ストレスコーピングとは

生きていれば必ず遭遇するストレス体験（ストレッサーとストレス反応）に対して，私たちはそこから自分を助けるために，意図的に対処することによってコーピングを行うのでしたよね。

そして人間の反応の4つの中でも，「気分・感情」と「身体反応」は直接的なコーピングが不可能で，「認知」と「行動」であればコーピング（すなわち，意図的に何らかの工夫をすること）が可能，ということも私たちは学びました。だから「認知行動療法」という名前がついていたのでしたよね。認知行動療法には，様々な認知的コーピングと行動的コーピングがたくさん詰まっています。

ところで本書は認知行動療法ではなくスキーマ療法を目的としたワークブックですので，ここで認知行動療法の本格的なコーピングについては詳しく紹介しません。認知行動療法における認知的および行動的コーピングをしっかりと学びたい方には，レッスン

3の44ページで紹介した「参考図書」をぜひお読みください。実はストレス心理学には，コーピングはそこまで本格的でなくても，そしてどんなしょぼいものでもよいからたくさん持っているとよい，という考え方があります。そのような考え方を「コーピングレパートリー」と言います。

　何かものすごく立派なコーピングでなくても全く構いません。小さな小さなちょっとしたしょぼーいコーピングを，とにかくたくさん用意しておこうよ，それを日常的に使っていこうよ，というのが，この「コーピングレパートリー」の考え方です。言ってしまえば「質より量」です。「備えあれば憂いなし」です（ちょっと違う？）。

　本レッスンでは，コーピングレパートリーについて解説したうえで，あなた自身のコーピングレパートリーを外在化するワークを行ってもらいます。そこで「質より量」を活かすためのコツをお伝えします。そのうえで，外在化したコーピングレパートリーシートをどのように活用できるか，レパートリーをさらに増やすためにはどうしたらよいか，といったことについて解説します。認知行動療法の本格的なものでなくても，「認知的コーピング」と「行動的コーピング」をたくさん用意して使いこなせるようになれば，それはそれで立派な「プチ認知行動療法」です。スキーマ療法のお膳立てとしては十分です。つまり，「セルフモニタリング」と「マインドフルネス」を実践しつつ，一方で「コーピング」を日々使いこなす，という「プチ認知行動療法」が習慣的にできるようになると，いよいよ皆さんはスキーマ療法に踏み出すことができるということになります。頑張りましょうね！（もちろん頑張りすぎない程度に。無理をしない程度に。ほどほどに頑張ってくださいね）

🔑 **レッスン6のキーワード ▶** コーピング，コーピングレパートリー，認知的コーピング，行動的コーピング，質より量，コーピングの外在化，レパートリーを増やす

レッスン6-1　「コーピング」と「コーピングレパートリー」

◆コーピングとは

　「コーピング」とはすでにご紹介したとおり，ストレス体験に対する意図的な対処，言い換えればストレス体験に対する「自分助け」のことです。コーピングには，頭の中で自分助けを行う「認知的コーピング」と，実際の行動を通じて自分助けを行う「行動的コーピング」の2種類があります。

　こうやって書くとなんだか難しそうに思われるかもしれませんが，認知的コーピングも行動的コーピングも，実は私たちは普段からよく使っています。たとえば何か気になることがあるとき，「ま，いいか」「気にしないようにしよう」と頭の中で「思い直し」をすることってありませんか？　私はよくあります。これは「認知的コーピング」です。何か困ったことがあったとき，その解決策を頭の中であれこれ考えたり，あるいは「そうだ，あの人に相談しよう！」と相談相手を頭に思い浮かべたりすることがありませんか？　これも認知的コーピングです。過去の楽しかった思い出をイメージして，「ああ，あの頃は楽しかったなあ」となつかしむことがありませんか？　これも認知的コーピングです。毎日が仕事でつらいときに，「ああ，あと3日頑張ったらお休みだ。もうちょっとだけ頑張ろう」と自分を励ましたり，「お休みの日はあのお店に行ってみよう」などと休日の過ごし方をイメージすることってありませんか？　これも認知的コーピングです。これらはすべて頭の中でのちょっとした切り替えや自分助けですよね。

　一方，行動的コーピングにも様々なものがあります。ため息をつくのも，人に愚痴を言うのも，徹夜で頑張るのも，ふて寝をするのも，好きなものを食べるのも，ヤケ食いをするのも，ヤケ酒に走るのも，買い物に行くのも，すべて「わかっていてやる自分助け」であれば行動的コーピングということになります。

◆「自分助け」の意図があれば何でもコーピング

　「行動的コーピング」についてこのように説明すると，「ええ？　ヤケ酒をコーピングとみなしていいの？」「ふて寝とかそういう逃避行動をコーピングと言っていいの？」という疑問が必ず出ますが，その人が自分助けのためにその行動を使っているのであれば，ひとまず「コーピング」と認定します。

　たとえばリストカットや食べ吐き（過食嘔吐）。こういう行動に縁のない人はピンと

来ないかもしれませんが（ピンと来なくても全く構いませんよ），私がカウンセリングの場でお目にかかる方々には，リストカットや食べ吐きをする人が少なくありません。そのほとんどが，無意識にそれらの行動を取るのではなく，「混乱してワケのわからなくなった自分を落ち着かせるため」「生きている実感を得るため」にリストカットをし，「もやもやした気持ちをスッキリさせるため」「普段我慢している高カロリーのものを食べたいから食べるけれども，食べたことで太らないため」に食べ吐きをしているのです。「……のため」という表現は，「目的」「意図」を表します。つまりこういった表現をする人は，たとえ一時しのぎであれ，「自分を助けるため」という意図や目的を持って，リストカットや食べ吐きをしています。その場合のリストカットや食べ吐きは，「コーピング」そのものです。「自分助け」の意図があれば，すべてそれは「コーピングである」ということを，しっかりと覚えておいてください。

だからといって，私が皆さんにリストカットや食べ吐きというコーピングをおすすめしたいのではありません。皆さんには，自分にとってより助けになる，自分にとってより役に立つ，自分をよりハッピーにしてくれるコーピングをたくさん集めていってもらいたいと思います。

◆では，どういうコーピングが望ましいか？

ではどのようなコーピングが，皆さんにとって，より助けとなり，より役に立ち，よりハッピーにしてくれるでしょうか。そのためには次の2つの視点からコーピングを判定する必要があります。

1）そのコーピングの効果（短期的効果と長期的効果）
2）そのコーピングのコスト（時間，お金，健康，副作用，対人関係への影響）

1）は，コーピングは試した後，効果を検証することがとにかく必要だ，ということです。そのコーピングを試してみた結果，ストレッサーやストレス反応が緩和されたり解消されたりしたのか（抱えている問題が少しでも解決されたのか，少しでもよい方向に状況が改善されたのか，自分の心のつらさが少しでも和らいだのか，体調が少しでも楽になったのか……など）を確認する必要があります。「コーピングを試す→効果を検証する」ということを繰り返すなかで，自分にとって真に役に立つコーピングを貯めていくことができるのです。

　その際重要なのは，その場限りの短期的効果だけでなく，そのコーピングを使い続けることの長期的効果も併せて検討することです。たとえばさきほど紹介したリストカットというコーピング。私自身はリストカットをコーピングとして試したことはありませんが，経験者の方々が言うには，一時的にはそれなりの，場合によってはかなりの効果があるそうです。ただし残念ながら，リストカットは，最初は小さく傷つけて，少し出血する程度で満足できていたのが，続けるうちにだんだん小さな傷程度では効果を得られなくなり，どんどん深く切らないと満足できなくなってしまうことが，様々な研究や当事者の体験談からわかっています。要するにはじめのうちは短期的効果がたとえあったとしても，続けるうちに，長期的には効果がなくなり，リストカットがエスカレートしてしまうのです。もちろん「その場しのぎ」のコーピングが悪いわけではありません。「その場しのぎ」だとわかっているコーピングを行いつつも，「これを長期間続けたらどうなるかな？　自分の助けになるかな？」という視点も併せて持ってもらいたい，ということです。

　2）の「そのコーピングのコスト（時間，お金，健康，副作用，対人関係への影響）」は，上で述べた「そのコーピングの効果」と表裏の関係にあります。そのコーピングによってどれだけの時間がかかるか，どれだけのお金がかかるか，心身の健康にどのような影響を及ぼすか，何か副作用があるのではないか，そのコーピングによって人との関係が悪くなる可能性はないか，といったことも一緒に検討してください。そしてできるだけコストがかからないコーピングを選んでください。

　一つ例を挙げると，私は温泉旅行が大好きです。連休を使って家族や友人と郊外の温泉地に行って，温泉旅館に泊まって，温泉や食事やおしゃべりを楽しむのは，私にとっては最高に効果のあるコーピングです。でもコストの面からは，実はこのコーピングはいまいちです。なんといっても時間とお金がかかりますから，それほど日常的に使えません。それにひきかえ，「昔行った温泉旅行のことを思い返す」「昔行った温泉旅行の写真を見てなつかしむ」「高級温泉旅館のパンフレットをもらってきて，それを眺める」「いろいろな入浴剤を買ってきて，家のお風呂を楽しむ」「友人と，今度どこの温泉地に旅行に行こうか，とあれこれ話す」といったコーピングは，なんとコストがかからないことでしょう。コストがかかるコーピングが悪いというわけではありませんが，それに

匹敵するぐらいの，低コストのコーピングをたくさん用意したいものです。

またここでリストカットについても考えてみましょう。さきほど効果の点では，「短期的効果はありうるが，長期的にはかえって効果を失ってしまう」と解説しましたが，コストの面からは明らかですね。自分の体が傷つきます。長期的に効果が得られなくなるとエスカレートするので，どんどん体が傷ついていきます。体に残った無数の傷あとを見ることで，心も傷ついていきます。その人を大切に思う家族や恋人も心を痛めるでしょう。リストカットをはじめとする自傷行為は，コストという点では，ほとんど釣り合わないのです。食べ吐きも同じです。これは時間もお金も相当かかりますし，体に大きな負担を与えます。食べ吐きのために人づき合いを断つ人も多いので，人間関係が悪化することも少なくありません。やはりコスト的に見合いません。

◆自殺は究極のコーピングとして最後まで取っておこう

ところで「最も割に合わないコーピング」は何だと思いますか？　それは「自殺」です。「こんなつらい人生はもう終わりにしたい」「生きるのがあまりにつらいから死ぬしかない」「死んで楽になりたい」と考えて試みるのが自殺です。「もっとつらくなるために自殺をする」という人は滅多にいません。つまり自殺はその定義上立派なコーピングです。しかし，さきほど紹介した効果とコストの点で，自殺にはかなり問題があることがわかります。まず効果を検証できませんよね。「自殺をしてみてよかったかどうか」ということを検証しようがありません。またコストという面でも，お金や時間どころか「命」というこの世で最も価値のあるものを代償にするというのは，あまりにもコストがかかりすぎます。こういった理由から，コーピングとして自殺を考えるのは十分に理解できるけれども，効果やコスト面から実行に移すのはかなり不都合であることが，おわかりいただけるでしょうか？

本書の読者の中には，相当な生きづらさを抱えていて，ときには死んでしまいたくなるという方もいらっしゃるかと思います。具体的に自殺を考えている方がいらっしゃるかもしれません。どうかそういう方々は，この心理学的ストレス理論におけるコーピングの原理を覚えておいて，究極のコーピングとして自殺は最後に取っておくようにしてください。そして少しでも効果のありそうな，かつコストのかからない，言ってみれば「しょぼーい」コーピングをまずはかき集めましょう。次に述べるように，コーピングは「質より量」です。しょぼいコーピングをとにかくたくさんたくさん自分のために用意し，実行して，この世に生きながら自分助けをしていくことを考えていきましょう。この本がそういうあなたのお役に立てることを祈りながら，私もこの本の執筆を続けます。生き延びて，この後，本書を通じて私と一緒にスキーマ療法に取り組みましょうね。

◆コーピングレパートリーとは

　さて,すでに何度か出てきている「コーピングレパートリー」という概念ですが,これはその名のとおり「その人の手持ちのコーピングすべて」という意味です。そして様々な心理学的ストレス研究から明らかにされているのは,これももうすでに述べましたが「質より量」の原則です。「何かものすごいとっておきのコーピングが一つあればよい」のではなく,「小さな,一見どうってことのない,しょぼーいコーピングでよいから,そういうのがたくさんあるのがよい」というのが「質より量」の具体的な意味です。

　なぜ「質より量」なのでしょうか。たとえば「チョコレートを食べる」というコーピングを持っている人がいるとします。あるとき何らかのストレス体験がありました。その人は「そうだ,チョコレートを食べて自分を慰めよう」と思いつき,実際にチョコレートを食べたとします。ひとかけらのお気に入りのチョコレートを食べてみたら,なんだか気持ちが落ち着いた,慰められた,というのであれば,「このコーピングは効果があってよかったね」ということになります。

　一方,「チョコレートを食べる」というコーピングを試してみたものの,それで心は慰められなかった,嫌な思いはひどくなるばかり,という場合はどうすればよいでしょうか。「チョコレートの量が足りない。もっとチョコレートを食べればよい」ということにはなりませんよね。この場合,「別のコーピングを試してみよう」というのが正解です。つまりあるストレス体験に対してあるコーピングを試してみて,効果があればOK,逆に効果がない場合は別のコーピングに切り替える,ということが重要なのです。

　もう皆さん,おわかりですね。質より量,つまりコーピングをたくさん持っていればいるほど,あるコーピングに効果がなくても,他のコーピングに切り替えがしやすくなります。「これがダメならあれ」「あれがダメならそれ」「それがダメならあっち」「あっちがダメならそっち」……というふうに,たくさんのコーピングがあればいくらでも切り替えができます。一方,コーピングレパートリーが乏しいと,切り替えるための選択肢がぐっと少なくなってしまうので,効果がなくても,あるいは逆効果でも,その乏しいコーピングにしがみつかざるを得なくなってしまいます。さきほどのチョコレートの例で言えば,「チョコレートを食べる」というコーピングに効果がないとわかっていながら,他に切り替えられるコーピングがないので,仕方なくチョコレートを食べ続け,鼻血は出るし,食べ過ぎで気持ち悪くなるし……というような「踏んだり蹴ったり」状態に陥ってしまいます。

　実際に私がカウンセリングでお目にかかる方々は,コーピングレパートリーが乏しい人が多いです。たとえばリストカット。そういう方は,他にコーピングがないから,効果がなくてもリストカットを続けるしかなくなってしまっているのです。たとえば食べ

吐き。それだけの食べ物を買うお金があれば，それを他の，より助けになるコーピングに使えればよいのですが，そういうコーピングがないからこそ，食べ吐きに頼るしかないのです。たとえばアルコール。数あるコーピングの一つとして「美味しくお酒を飲む」というのがあるのは全く問題がないのですが，「お酒を飲む」というコーピングしか持っていない人は，とにかくお酒を飲み続けるしかなく，そのせいで体調が悪くなったとしても，今度はその「体調が悪い」というストレス体験に対するコーピングとして，さらにお酒を飲んでしまうのです。

コーピングが一つだと…　　　　コーピングがたくさんあると…

というわけで，皆さんにはこれから，とにかくたくさんのコーピングを用意してもらい，その豊かなコーピングレパートリーを使いこなせるようになってもらいます。そしてこれがスキーマ療法のお膳立てとしても非常に重要です。

レッスン 6-2　コーピングレパートリーを外在化してみよう

では，これから早速あなた自身のコーピングレパートリーを外在化する，というワークに取り組んでもらいます。ルールはただ一つ。質より量。コツはなるべく細分化して具体的にコーピングを表現する，ということです。例を挙げます。

前にも書いたように，私は温泉旅行が大好きですが，コーピングとしてはコストがかかるので，普段は，「自宅で入浴を楽しむ」というのをコーピングとして使っています。これをただそのまま「自宅で入浴を楽しむ」と書いてしまうと，たった一つのコーピングということになってしまうので，それをさらに次のように細分化して量を増やしてみます。

> 「自宅で入浴を楽しむ」
> ↓↓↓
> 1）「おうちに帰ったらお風呂に入ってリラックスしよう」と思う。
> 2）「今日はどの入浴剤を使おうかな」とあれこれ考えて楽しむ。
> 3）自宅に帰ったらお風呂にお湯をため，徐々にお湯がたまるのを観察する。
> 4）お湯がたまるのを観察しながら，お湯の温かさをイメージする。
> 5）本棚のところに行き，お風呂で読む漫画本を1冊選ぶ。
> 6）お湯がたまったら，入浴剤が入っているかごをかき回して，どの入浴剤を使うか，楽しみながら迷う。
> 7）使う入浴剤が決まったら，その封を切って，入浴剤の香りをかいで味わう。
> 8）入浴剤をお湯に注ぐ。入浴剤がお湯に溶けていく様子を観察する。
> （以下省略）

　上の細分化したコーピングのリストでは，なんと私はまだお風呂に入っていません！ 服も着たままです（笑）。「お風呂に入る」というお気に入りの行動に向けて，着々と準備を進めているだけです。でもその準備の一つ一つが私にとっては，小さな，ささやかなコーピングなのです。せっかく好きなことをするならば，マインドフルネスのレーズンエクササイズのように，行動を細分化して，その一つ一つを楽しみたいではありませんか。

　このように細分化して，具体的に表現しようとすることで，さらに「質より量」が実現します。これを参考にして，皆さんもご自身のコーピングレパートリーを外在化してみてください。

　さらに次の2ページにわたって「コーピングヒント集」というのを紹介します。認知的コーピングのヒント集（126ページ），行動的コーピングのヒント集（127ページ）です。これらを参考にして，ご自分の「手持ちのコーピング」を外在化しましょう。外在化の例（サダオさん，アカリさん）（129, 130ページ）を紹介しますので，参考にしてみてください。

ワーク6−1　コーピングレパートリーの外在化

　あなた自身のコーピングレパートリーを枠の中に外在化しましょう（128ページ）。できる限り細分化して具体的に挙げてください。「質より量！」をお忘れなく。

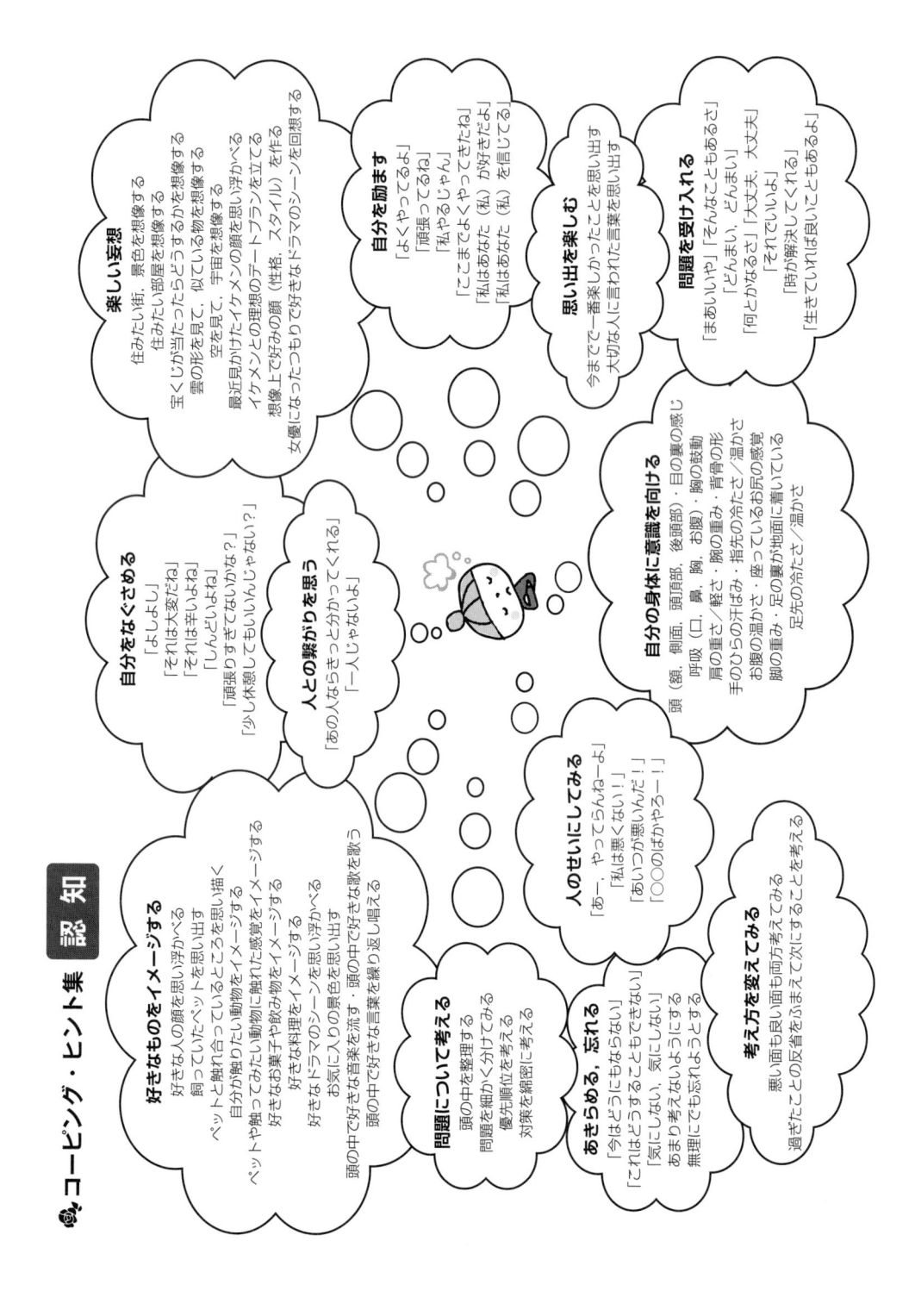

コーピング・ヒント集 認知

楽しい妄想
- 住みたい街、景色を想像する
- 住みたい部屋を想像する
- 宝くじが当たったらどうするかを想像する
- 雲の形を見て、似ている物を想像する
- 空を見て、宇宙の物を想像する
- 最近見かけたイケメンの顔を思い浮かべる
- イケメンの理想の顔をモンタージュを作る
- 想像になったつもりで好みの顔（性格、スタイル）を作る
- 女優になったつもりで好きなドラマのシーンを回想する

自分を励ます
- 「よくやってるよ」
- 「頑張ってるね」
- 「ここまでよくやってきたね」
- 「私はあなた（私）が好きだよ」
- 「私はあなた（私）を信じてる」

思い出を楽しむ
- 今までで一番楽しかったことを思い出す
- 大切な人に言われた言葉を思い出す

問題を受け入れる
- 「まぁいいや」「そんなこともあるさ」
- 「どんまい、どんまい」
- 「何とかなるさ」「大丈夫、大丈夫」
- 「それでいいよ」
- 「時が解決してくれる」
- 「生きていれば良いこともあるよ」

自分をなぐさめる
- 「よしよし」
- 「それは大変だね」
- 「それは辛いよね」
- 「しんどいよね」
- 「頑張りすぎてないかな？」
- 「少し休憩してもいいんじゃない？」

人との繋がりを思う
- 「あの人ならきっと分かってくれる」
- 「一人じゃない」

自分自身の身体に意識を向ける
（頭、側面、頭頂部、後頭部・目の裏の感じ
呼吸（口、鼻、軽さ・胸、お腹・胸の鼓動
肩の重さ・腕・指先の冷たさ／温かさ
手のひらの汗ばみ・座っている感覚
お腹の温かさ・足の裏が地面に着いている
脚の重み・足の裏の冷たさ／温かさ
足先の冷たさ／温かさ

人のせいにしてみる
- 「あー、やってらんねーよ！」
- 「私は悪くない！」
- 「あいつが悪いんだ！」
- 「○○○のばかやろー！！」

好きなものをイメージする
- 好きな人の顔を思い浮かべる
- 飼っていたペットを思い出す
- ペットに触れ合っているところを思い描く
- 自分が触りたい動物をイメージする
- ペットや触ってみたい動物に触れた感覚をイメージする
- 好きなお菓子や飲み物をイメージする
- 好きな料理をイメージする
- 好きなドラマのシーンを思い浮かべる
- 頭の中で好きな音楽を流す・頭の中で好きな歌を歌う
- 頭の中で好きな言葉や景色を繰り返し唱える
- お気に入りの音楽を綿密に思う

問題について考える
- 頭の中を整理する
- 問題を細かく分けてみる
- 優先順位を考える
- 対策を綿密に考える

あきらめる、忘れる
- 「今はどうにもならない」
- 「これはどうすることもできない」
- 「気にしない、気にしない」
- 「あまり考えないようにする」
- 「無理にでも忘れようとする」

考え方を変えてみる
- 悪い面も良い面も両方考えてみる
- 過ぎたことの反省を踏まえて次にすることを考える

レッスン 6

日々コーピングを実施し，レパートリーを増やしましょう

コーピング・ヒント集　行動

自分の外に出す
- 好きな言葉を繰り返し唱える
- 今の気持ちを書き出してみる
- やってみたいことを書いてみる
- 今まで書いたものを読み返す
- 手紙を書く
- 自分の夢を書き出してみる
- 自分の夢をイラストにしてみる

自然を感じる
- 植物を眺める・植物に触る
- 花を生ける（雑草でもOK）
- 花屋さんに行って花を眺める
- 公園で自然を眺める
- 空を眺める・夕日を眺める
- 夜空（星，宇宙）を眺める

無駄なことをしてみる
- 部屋の中でぼーっとする
- ひとりで笑ってみる
- 独り言をひたすら言ってみる
- カーテンを開けたり閉めたりする
- 紙ふぶきを作ってまき散らす
- 壁をひたすら押して感覚を味わう

趣味や好きなことをする
- 絵を描く
- 粘土をする・編み物をする・折り紙をする・ビーズアクセサリーをつくる
- あやとりをする

自分を癒す
- お風呂に入る・寝る
- 指圧，マッサージをする
- アロマ・火くため息をつく
- 伸びをしながら深呼吸する
- 怒気を開けてみる
- 朝の新鮮な空気を吸う

おもしろ系
- 鏡を見て，笑顔を作ってみる・変顔をする
- 人を笑わせてみる
- ものまねをしてみる

見る・眺める
- お気に入りの写真
- ペットの写真
- 昔のアルバム・昔の写真
- 好きなアイドルの写真

おしゃれする
- メイクの練習をする
- 服の組み合わせを考える
- マニキュアを塗る

発散発散！
- クッションに顔をうずめて大声を出す
- クッションを叩く，投げる
- 泣いてみる
- いらない紙を思いっきり破って目の前の空気をパンチする

ダラダラ系
- テレビを見る・音楽を聴く
- 本を読む・漫画を読む
- 映画を観る
- 旅行雑誌を読む
- お笑い番組を見る

探してみる
- 部屋の中で一番…
- ゴツゴツしたもの
- つるつるしたもの
- 赤いもの・白いもの
- 柔らかいもの・薄いもの

目を閉じて…
- 周囲の音に耳を澄ます
- 足の裏の感じを味わってみる
- 体の各部分の感じを味わってみる
- 食べものの味を味わってみる
- 香りを味わってみる

飲み食い系
- お茶を飲む
- 丁寧にお茶を入れる
- 入れたお茶と，漬物やお菓子を味わう
- コンビニで甘いものを買う
- 誰かと甘いものを食べる
- ガムを噛む

人と一緒に…
- 仲間と話す
- 誰かに一緒にいてもらう
- グチを言う
- 誰かと食事をとる
- やりたいことを誰かに聞いてもらう

○○に行く
- ペットショップ・神社・お寺…
- ウィンドウショッピングをする
- 人ごみの中に行く
- 目的の場所まで，出来る限りゆっくり行く（ゆっくり歩く，道草する），タイムを測る

体を動かす
- 散歩・歩いたことのない道を歩いてみる・怒りを吐く
- ジョギング・腹筋・腕立て伏せ・ストレッチ・スクワット
- 縄跳び・ダンス・ヨガ・ダンス・泳ぐ
- 曲に合わせて踊ってみる・ラジオ体操

家事をする
- 部屋の掃除をする・網戸を掃除する
- 身の周りの物を整理する・本や書類を整理する
- 引き出しの中を片付ける・いらないものを捨てる
- 鍋や食器をぴかぴかに磨いてピカピカにする
- 洗濯をする・洗濯機を干す・洗濯物をたたむ
- 洗い上がりの洗濯物の匂いをかぐ
- 手を洗い，石鹸の匂いをかぐ

❖ ワーク6−1の外在化

私のコーピングレパートリー

❖ ワーク6−1の外在化の例：サダオさんの場合

私のコーピングレパートリー

散歩に出かける　　　　散歩中，空と雲を眺める

その空と雲を写真に撮る　　その写真をフェイスブックに投稿する

白髪を抜く　　抜いた白髪を数える　　抜いた白髪を燃やす

今度どの店に飲みに行くか考える　いい飲み屋をネットでリサーチする

今度カラオケに行ったら何を歌うかイメージする

風呂でその歌の練習をする

「気にするな！」と心の中で自分に言う

「大丈夫だから」と心の中で自分に言う

『竜馬が行く』を読む　　　　坂本竜馬のことを思う

坂本竜馬に励まされている自分をイメージする　　　靴磨きをする

○○のとんこつラーメンをイメージする　　渡邉にメールを送る

○○にとんこつラーメンを食べに行く　　渡邉と飲みに行く

YouTubeで懐かしい曲をあさる　撮り溜めた写真を眺める　　瞑想する

YouTubeでサッカーの名シーンを見る　　近所のスーパー銭湯に行く

今は亡き両親のことを思い出す　　姪っ子に何かプレゼントする

❖ **ワーク6-1の外在化の例：アカリさんの場合**

私のコーピングレパートリー

思いっきり泣く　　○○というDVDを観て泣く
　　　　　　　　○○というマンガを読んで泣く

彼氏に愚痴を聞いてもらう　　　　雑誌を引きちぎってビリビリにする

自分の好きな人たちの顔を次から次へとイメージする

　　　　　　　　　　　　　沖縄の青い海をイメージする
夏休みの計画を立てる

　　　　　　　「きっと大丈夫」と自分にやさしく言ってあげる

チョコボールをマインドフルに食べる　ガリガリ君をマインドフルに食べる

雑誌を見て，メイクの研究をする　　100円ショップで安い化粧品をいっぱい買う

「今日が残りの人生の最初の日」という言葉を思い出す。「今を大事にしよう」と思う

　　　　　　　　　　　　ヤヨイちゃんとおしゃべりする
雑誌を見て，メイクの研究をする
　　　　　　　　　　　　　　ハルカちゃんとチャットをする
　　　　　　　占いをしてもらう
占いをする

　　　　　　　　　　　　　　　　　　　　アロマをたく
　　　　　　　　　ふかふかのお布団で寝る
ぬいぐるみを抱きしめる　　　　　　　　塗り絵をする

　無心でお米をとぐ　　大好きなシャガールの絵を思い浮かべる

心の中で自分を慰める　　心の中で自分を励ます　　心の中で自分を許す

　　野菜を細かく切り刻む　　マッサージの予約をする

レッスン6-3　日々の生活でコーピングを活用しよう

　レパートリーを外在化してみていかがでしたか？　枠の中ぎっしりでなくとも，複数のコーピングを外在化できたのではないでしょうか。皆さんにまずお願いしたいのは，コーピングを外在化したシートを持ち歩いてほしい，ということです。外在化した128ページを切り取って持ち歩いてもらっても構いませんし，コピーを取って，そのコピーしたものを持ち歩いてもらってもよいでしょう。ご自身の携帯電話やスマートフォンに入力してもらっても構いません。とにかく「外在化しておしまい！」ではなく，外在化したものを何らかの形で持ち歩いてもらいたいのです。

　そしてストレス（ストレッサー，ストレス反応）を体験したら外在化したコーピングリストをすかさず取り出し，今のストレッサーやストレス反応には，どのコーピングを使うと良さそうか，ということを検討し，コーピングを一つ選んで試してみてください。試したら必ずその効果を検証します。検証して，「結構効果があった」「よい方向に向かっている」「少なくともちょっとは楽になった」ということであれば，そのコーピングでOKということになります。そうでない場合は，コーピングリストをもう一度取り出して，再度リストを眺めます。そして別のコーピングを再度試してみてください。検証してそれでもなお効果がなかったという場合は，気を取り直して，さらに別のコーピングを試してみます。このようなことを粘り強く繰り返していくうちに，必ずストレッサーやストレス反応は改善されていくはずです。あきらめずに試し続けましょう。

レッスン6-4　コーピングレパートリーを増やしていこう

　レッスン6-3のとおり，外在化したコーピングレパートリーのリストを持ち歩き，ストレス体験のたびにそれを見て，コーピングを選んで試して検証する，ということを日常的に行えるようになると，「コーピング」すなわち「自分助け」という意識があなたの中にしっかりと根づいてきます。ストレス体験をマインドフルにセルフモニタリングしつつ，必要に応じて必要なコーピングを用いて上手に自分助けができるようになります。そして必ず新たなコーピングに気づくようになります。「ああ，こういうコーピングもあったんだ」「ああいうコーピングもあったんだ」「そうか，これもコーピングとして『あり』だな」「へえ，それもコーピングとして使えるかも」というふうに。

　新たなコーピングを発見したら，すかさずそれを外在化してください。外在化しないと消えてしまう（忘れてしまう）かもしれません。せっかく気づいた自分助けのツールですから，しっかりと書き出して，リストに加えておきましょう。「新たに気づく→リストに書き足す→さらに新たに気づく→さらにリストに書き足す……」を繰り返すことで，コーピングレパートリーはどんどん豊かになっていきます。「ワーク6-1」で今回，コーピングをさほど多く書き出せなかったという人も，がっかりする必要は全くありません。これから少しずつ増やしていけばいいのですから。今，皆さんは，絶対に目減りすることのない「コーピングの預金通帳」を持っているようなものです。あとは貯金を殖やしていくばかりです。

レッスン6-5　コーピングについて誰かと語ってみよう

　さて，生活の中で「コーピング」の考え方や方法が根づき，ストレス体験をコーピングのネタとして使えるようになり，レパートリーも順調に増えていくようになると，その体験を誰かに話したり，誰かと共有したくなってくるものです。

　ぜひご自身のコーピングについて，誰かに話をしてみましょう。話す相手は誰でもどうぞ。家族，お友達，同僚，ちょっとした知り合い，主治医，カウンセラーなどなど。「レッスン2」のサポートネットワーク（32ページ）に記入した人であれば，誰でもよいでしょう。相手が「コーピング」のことを知らない人だったら，ぜひ教えてあげてください。そしてご自分のコーピングについて話した後に，「ところであなたのコーピングは何？」と尋ねてみましょう。きっとコーピング談義に花が咲くでしょう。

　私自身，自分のコーピングについて家族や同僚や友人とよく話をします。家族や同僚や友人のコーピングの話もよく聞きます。コーピングの話は，するのも聞くのも楽しいです。また集団研修やグループカウンセリングでも，「互いのコーピングについて語り

合う」というグループワークをよくやりますが，いつもものすごく盛り上がります。皆さんもぜひ「人とコーピングの話をするってこんなに楽しいんだな」ということを体験してください。すると「人とコーピングの話をする」というのが新たなコーピングになるわけです。

レッスン6のまとめ

1) コーピングとは「意図的な自分助け」のことです。コーピングには「認知的コーピング」と「行動的コーピング」の2つがあります。
2) コーピングは「試してみて結果を検証する」ということが重要です。また結果の検証には，「短期的結果」と「長期的結果」の両方を考えてみましょう。
3) できるだけコストのかからない「しょぼいコーピング」をたくさん見つけましょう。
4) コーピングは「質より量」です。小さなコーピングをかき集めてコーピングレパートリーを豊かにしましょう。
5) コーピングレパートリーを外在化して，ストレスを体験したらすぐにそれを見て，コーピングを選んで試して検証する，ということを行ってください。
6) 新たなコーピングに気がついたら，すかさず外在化を行い，レパートリーのリストを増やしていきましょう。
7) コーピングについて，誰かと話をするのも楽しいものです。これがまた一つのコーピングになります。

レッスン6のホームワーク

「レッスン6-3：日々の生活でコーピングを活用しよう」「レッスン6-4：コーピングレパートリーを増やしていこう」「レッスン6-5：コーピングについて誰かと語ってみよう」がそのまま，ホームワークになります。

その際，もしできれば次に紹介するコーピング日記をつけてみましょう。日々，どのようなストレス体験に対してどんなコーピング使ったか，使ってみてどうだったか，どんなコーピングが増えたか，誰とコーピングについて話したか……といったことを外在化するのです。

＊コーピング日記

いつ	どんなストレス体験？	どのコーピングを使った？	結果と感想	その他（どんなコーピングが増えた？ 誰とコーピングについて話した？

レッスン 7 スキーマ療法のお膳立てを確認しましょう
――サポートネットワーク,セルフモニタリング,マインドフルネス,コーピングレパートリーのおさらい

🐌 レッスン7で何をするか

　皆さん,ここまで大変お疲れ様でした。レッスン6まで終わって,これでようやくスキーマ療法を始めるためのお膳立てが済んだ,ということになります。とはいえここでいきなりスキーマ療法に入るのではなく,この「レッスン7」では,お膳立てがしっかりできているかどうかを確認し,スキーマ療法に入っていくにあたっての心づもりをしてもらいます。つまりこの「レッスン7」はそのほとんどがこれまでの「おさらい」になります。丁寧におさらいをしながら,次の「レッスン8」から始まるスキーマ療法に向けて心を整えていきましょうね。

> **レッスン7のキーワード ▶** 生きづらさ，スキーマ療法，スキーマ療法のお膳立て
> （サポートネットワーク，セルフモニタリング，
> マインドフルネス，コーピングレパートリー）

レッスン7-1　スキーマ療法のおさらいと確認

　ではこれから始まるスキーマ療法について，これまでもおおまかには説明をしていますので，それを簡単に振り返っておさらいをしておきましょう。
　「レッスン1」ではまず，あなた自身の生きづらさを眺めてもらい，次にあなたの持つ「こころの回復力」についてイメージをしてもらいました。4ページに外在化した「ワーク1-1」と8ページに外在化した「ワーク1-2」をあらためて見直してみましょう。
　さらに次の「レッスン1-3」で私は次のように書きました。

1）「スキーマ療法」という名前のついた心理学的アプローチがあります。
2）スキーマ療法の目的は，自らの生きづらさを理解し，こころの回復力を高めることです。
3）スキーマ療法を開始するには，いくつかのお膳立てが必要です。お膳立てがととのったら，スキーマ療法に取りかかることができます。

　そして「レッスン1-4」で，スキーマ療法では自分の「生きづらさ」を理解するために，過去の「ネガティブな体験」を思い出す，ということを行うが，そのような作業は痛みを伴うので，その痛みを乗り越えていくために，いくつかのお膳立てが必要であることを述べました。ただしそれらのお膳立てに取り組むこと自体が，あなた自身のセルフケアをサポートし，回復の手助けになるとも述べました。そのとき次のようにお膳立ての作業を紹介しました。

1）相談できる人，サポートしてくれる人を確保する。（レッスン2）
2）認知行動療法の簡単な考え方とやり方を身につけて，セルフケア（上手な自分助け）ができるようになる。（レッスン3～6）

　さて，皆さんはその後「レッスン2」から「レッスン6」を通じて，実際にお膳立てのための作業をしました。「レッスン1」の最後に，お膳立てのポイントとして「時間

をかけて，丁寧に」「あせらずに，少しずつ」というアドバイスをしましたが，いかがでしたか？ 丁寧に，少しずつ進めてくることができましたか？「できた！」と答えられた人は，おそらくお膳立てを通じて，それらの手応えを感じていることでしょう。そうでない方は，もしかしたら少しあせって進めてきてしまっているかもしれません。その場合は，ぜひこの「レッスン7」を通じて，これまでのおさらいを，少し時間をかけて行いましょう。

レッスン7-2　サポートネットワークのおさらいと確認

「レッスン2」は「相談できる人を探しましょう——サポートネットワークをつくる」というタイトルでした。認知行動療法やスキーマ療法を通じてセルフケアの力をつけていくことはもちろん重要ですが，一方で，私たちは誰かとケアし合ったりサポートし合ったりする存在であり，あなたにとってどのような他者からのケアやサポートがあるのか，それを確認したのがこの「レッスン2」でした。

具体的には，まずは以下の3つについてワークを行ったのでしたね。

1) あいさつやちょっとした話ができる人を探す
2) いざとなったら助けてくれる人や機関を探す
3) イメージするだけでこころがあたたかくなる人を探す

そしてこれらのワークをふまえて次のワークを行ったのでした。

4) サポートネットワークを外在化する

32ページの「ワーク2-4の外在化」に，あなた自身のサポートネットワークが外在化されているはずです。それをあらためて見直してみましょう。今，さらに付け加えることのできる人や機関やその他の存在を思いついたら，せっかくですので追加しておきましょう。

　今後，私たちは本書においてスキーマ療法の本格的なレッスンに入っていくわけですが，その中でつらくなってしまったら，特に自分が孤独であると感じてひどくつらくなってしまったら，あなた自身のサポートネットワークを眺め，決して孤独ではないこと，助けを求めれば助けてくれる人（機関）がいる（ある）ことをあらためて確認しましょう。そして実際に必要であれば，誰かに（どこかに）助けを求めましょう（23ページも参照）。

レッスン7-3　認知行動療法のおさらいと確認

　「レッスン3」は「上手に自分を助けましょう——セルフケアのために認知行動療法を活用する」というタイトルでした。このレッスンでは，スキーマ療法のお膳立てとしてある程度セルフケアができるようになっておく必要があること，そのための方法として「認知行動療法（Cognitive Behavior Therapy：CBT）」という心理学的アプローチがあることを紹介しました。

　具体的には，まずストレスのモデルを紹介し，ストレス体験を「ストレッサー（ストレス状況）」と「ストレス反応」に分けて捉えられることを示しました（図7-1）。次に，その「ストレス反応」を「認知」「気分・感情」「身体反応」「行動」の4つに分けると，それが認知行動療法の基本モデルになることを示しました（図7-2）。

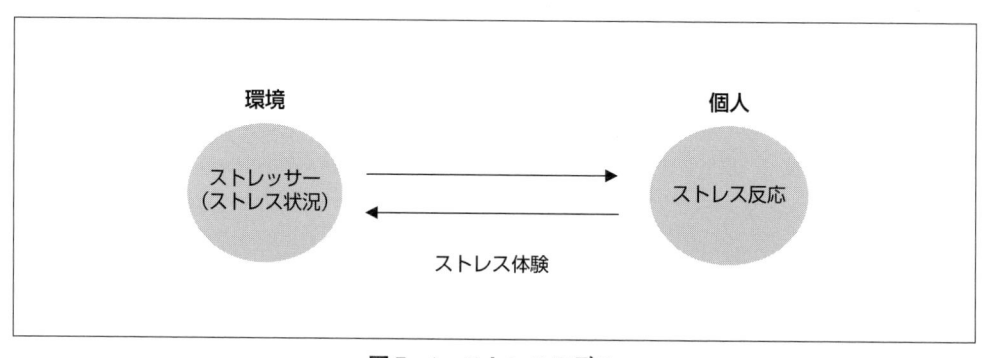

図7-1　ストレスモデル

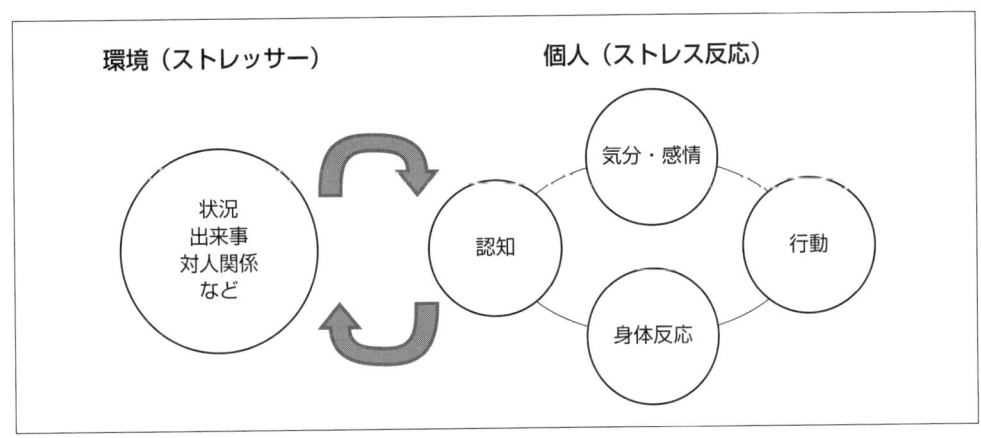

図7-2　認知行動療法の基本モデル

　「認知」「気分・感情」「身体反応」「行動」のそれぞれの定義については，「レッスン3」の39〜40ページをおさらいしてください。このモデルに沿って自分のストレス体験を観察することが非常に大事であること，そのうえで必要に応じて認知のコーピングと行動のコーピングを試すことから「認知行動療法」という名前がついていることについても，この「レッスン3」で解説しました。さらに認知行動療法の基本的なスキルを身につけるには，とにかく繰り返し練習することが大事であることを強調しました。
　そういうわけで，皆さんにはそれに続く「レッスン4〜6」を通して，「セルフモニタリング」「マインドフルネス」「コーピング」の練習をしてもらったわけです。

レッスン7-4　セルフモニタリングのおさらいと確認

　「レッスン4」は「セルフモニタリングを習慣にしましょう――『今・ここ』の自分の体験を観察する」というタイトルでした。「レッスン3」で紹介したセルフモニタリング，すなわちストレスモデル，あるいは認知行動療法のモデルに沿って，まずはリアルタイムに自分の体験を細かく観察することの重要性とやり方について，具体例を通じて紹介しました。よければ「レッスン4」を通じて紹介したカスミさん，コウタロウさん，ヤスコさんの例に，もう一度目を通してみてください。
　またレッスン4では，認知を「自動思考」と「スキーマ」に分けて捉えられることについても説明しました（図7-3）。

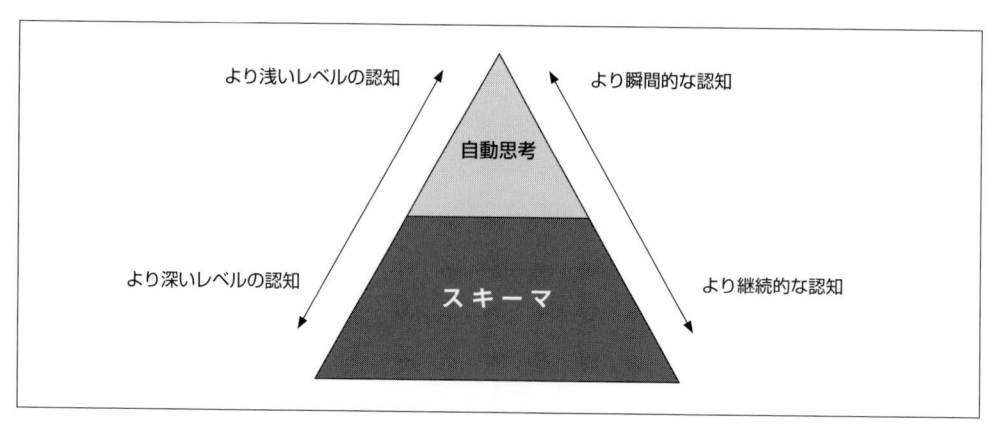

図7-3 認知の構造（自動思考とスキーマ）

　頭の中の思考やイメージに関わる現象をひっくるめて「認知」と呼ぶのですが，「その場その場で頭に浮かぶ，様々な考えやイメージのこと」を「自動思考」，「すでに頭の中にある，自分や世界や他者に対する深い思いや価値観のこと」を「スキーマ」と呼ぶのだ，と解説しました（53ページ）。皆さんには「賞味期限切れの納豆」というテーマで，この２つの関係について考えてもらいました（54ページ）。

　そして「スキーマ療法」ではもちろん深いレベルの認知である「スキーマ」を扱うけれども，そのお膳立てである「セルフモニタリング」のためには，一瞬一瞬さっと頭を駆け抜ける「自動思考」をキャッチできるようになることがまず大事であることを強調しました。自動思考は「頭をよぎるセリフ」としてカギ括弧（「」）で表記できることも併せてお伝えしました（57ページ）。

　認知行動療法の基本モデルに基づくセルフモニタリングでは，まずストレッサーを具体的に特定した後，そのストレッサーによって生じた数々の生々しい自動思考をキャッチし，その自動思考によって生じた気分・感情，身体反応，さらにそれらの反応の結果としてあなたが取った行動をリアルタイムで観察する，ということを行ってもらいました。そして単に観察するのみならず，それらを外在化して，外から眺められる形にしていくのでしたね。そのためのツールとして以下の２つ（141ページ）を紹介しました。

　また「レッスン４」のホームワークとしては，特に自動思考に焦点を当てて，それらを外在化するためのツールも紹介しました。このツールも非常に役に立つので，あらためて挙げておきます（142ページ）。

＊大ざっぱなツール

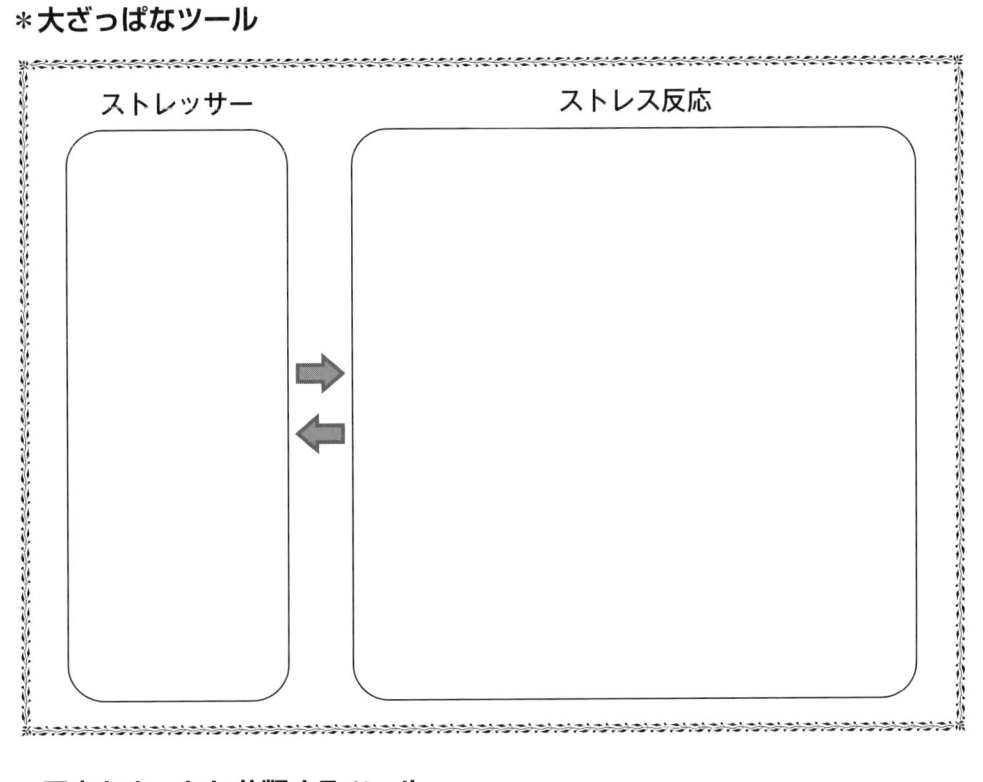

ストレッサー	ストレス反応

＊反応をきっちり分類するツール

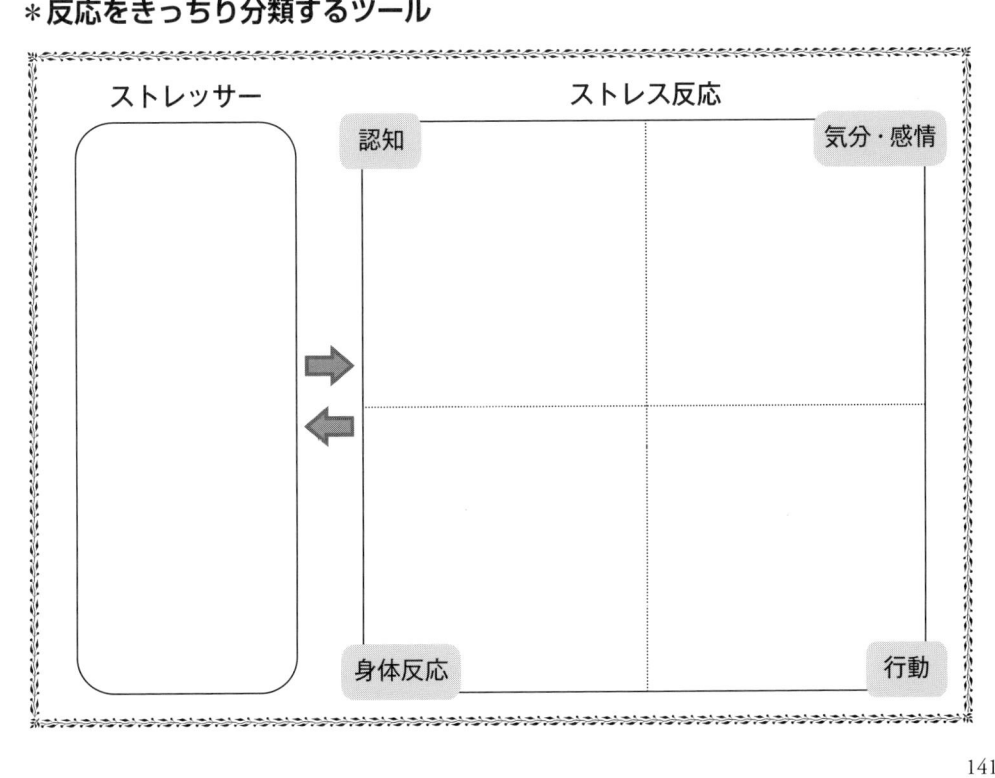

ストレッサー	ストレス反応	
	認知	気分・感情
	身体反応	行動

レッスン **7** スキーマ療法のお膳立てを確認しましょう

＊自動思考日記

自動思考を記録してみましょう。

日付	どんなとき？	どんな自動思考が浮かんだ？

レッスン7-5　マインドフルネスのおさらいと確認

「レッスン5」は「マインドフルネスを体験しましょう——ありのままを体験し，それをやさしく受けとめる」というタイトルでした。マインドフルネスは，「自らの体験（自分自身を取り巻く環境や自分自身の反応）に，リアルタイムで気づきを向け，受け止め，味わい，手放すこと」と定義されていましたね。そのためには自分の体験に巻き込まれず，自分の体験を見ることができる「もう一人の自分」を作る必要があると解説しました。その際，一切評価や判断をしません。自分のあらゆる体験を「ふーん，そうなんだ」と好奇心と共に受け止める，というのがマインドフルネスでした（図7-4）。

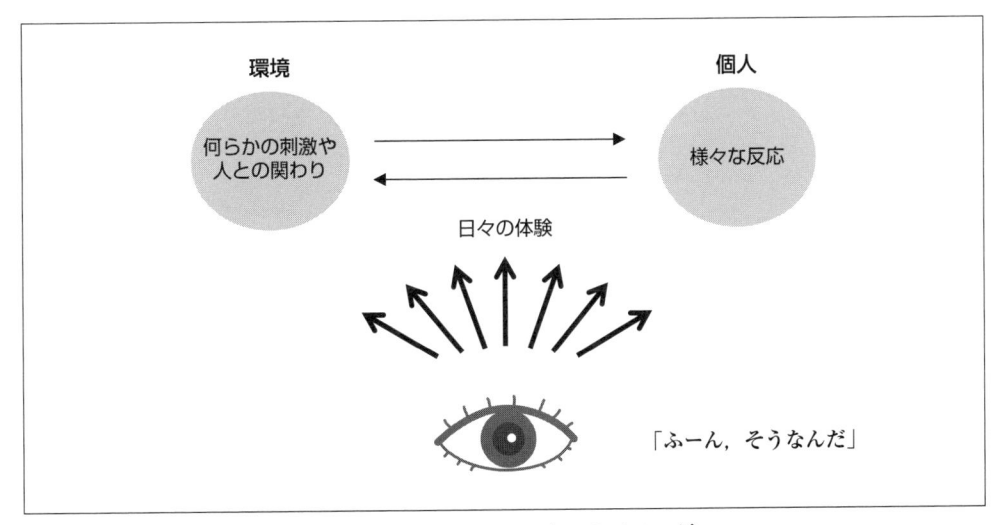

図7-4　マインドフルネスのイメージ

皆さんには「レッスン5」を通じて，多くのワークを実践してもらいました（86〜96, 98〜105ページ）。それらの名前をあらためてここに示します。

- 「と思った」ワーク……①
- 気分・感情の実況中継……②
- 葉っぱのエクササイズ……③
- 流れゆく雲を眺めるエクササイズ……④
- 駅を通過する貨物列車を眺めるワーク……⑤
- シャボン玉のワーク……⑥
- 感情や思いを壺に入れるワーク……⑦

- 「うんこ」のワーク……⑧
- レーズンエクササイズ……⑨
- バーチャル味噌汁エクササイズ……⑩
- 呼吸のマインドフルネス……⑪
- ボディスキャン……⑫
- 歩くマインドフルネス……⑬
- 香りのマインドフルネス……⑭

　①から⑧のワークは，どちらかというと自動思考や気分・感情に焦点を当てたマインドフルネス，⑨から⑭のワークは，どちらかというと身体感覚や行動に焦点を当てたマインドフルネスでした。皆さんにはすべてのワークを体験したうえで，お気に入りの3つを挙げてもらい，ホームワークとして実践してもらいました（112ページ）。さらにストレス体験もマインドフルネスの「ネタ」として活用してもらいたいこと，最終的には「マインドフルに暮らし，マインドフルに生きる」ことを目指してもらいたいことをお伝えしました。その後いかがですか？　マインドフルネスのワークは順調に続けていますか？

　この問いに「イエス！」と答えられた人は，ぜひ引き続き日々をマインドフルに過ごしてください。「あ，そういえばマインドフルネスというのがあったな，すっかり忘れていたな」という方も，気にする必要はありません。今日からマインドフルネスのワークを再開しましょう。今後のスキーマ療法への取り組みにおいても，この「マインドフルネス」の考え方ややり方はとても重要になってきます。今，お膳立てとしてそのスキルを身につけておくと，後で非常に役立ちます。

レッスン7-6　コーピングレパートリーのおさらいと確認

　スキーマ療法のお膳立てシリーズの最後のレッスン，「レッスン6」は「日々コーピングを実施し，レパートリーを増やしましょう――自分助けを日々の習慣にする」というタイトルでした。コーピングって何でしたっけ？　……そうです，認知や行動を通じて意図的に「自分助け」をすることでしたね。ストレス体験をマインドフルにセルフモニタリングしたうえで，必要に応じて様々なコーピングを試し，結果を検証するというプロセスが重要であることをこの「レッスン6」で述べました。私は今，「様々なコーピングを試し」と書きましたが，ここで鍵となるのが「コーピングレパートリー」です。様々なコーピングを試すためには，様々なコーピングを予め用意しておく必要があります。「自分の手持ちのコーピング」のことをコーピングレパートリーと呼ぶのです

が，ルールは簡単！「質より量」でしたね。しょぼいものでよいから（というか，コスト面ではしょぼいもののほうがむしろよい），とにかくたくさんのコーピングを用意して外在化しておき，いつでも使えるようにしておきましょう，というのが「レッスン6」でお伝えしたことでした。

　皆さんには，「ワーク6-1」でご自分のコーピングレパートリーを外在化してもらいました（128ページ）。そして外在化したものをコピーするなどして持ち歩いてもらいました。せっかくですから，今ここで，普段あなたが持ち歩いているレパートリーシートを目の前に置いてみましょう。ここに外在化されている数々のコーピングは，今後，スキーマ療法に取り組むにあたって，あなたを助け，守ってくれる重要な手段です。日々，これらのコーピングを大切に使いつつ，これからも「コーピングの預金通帳」を少しずつ増やしていってください。

> あ、また一つコーピングを発見！

（コーピング預金通帳）

レッスン7-7　ではスキーマ療法の扉を開きましょう

　さてこれでスキーマ療法のお膳立てがすべて整いました。次の「レッスン8」からスキーマ療法に取り組んでいくことになります。スキーマ療法はあなたの「生きづらさ」を真正面から見つめ，理解し，乗り越えようとするものです。それは非常に価値のある取り組みですが，一方でなかなか骨の折れる作業でもあります。だからこそこれだけの時間をかけてお膳立てをしたのでした。

　ぜひこれまで取り組んだ「サポートネットワーク」「セルフモニタリング」「マインドフルネス」「コーピングレパートリー」という4つのスキルをしっかりと携えながら，スキーマ療法の扉を開け，一歩前に踏み出しましょう。もちろん私も一緒に行きます。共に頑張っていきましょうね。

レッスン7のまとめ

1) 「生きづらさ」に焦点を当てるスキーマ療法にがっちりと取り組むためには，若干の「お膳立て」が必要です。
2) あなたは「サポートネットワーク」というお膳立てにより，ひとりぼっちではない状態でスキーマ療法に入ることができます。
3) あなたはプチ認知行動療法をすでに身につけ，セルフケアが前よりさらに上手になっています。具体的には「セルフモニタリング」「マインドフルネス」「コーピングレパートリー」というスキルを身につけ，ある程度使うことができるようになっています。スキーマ療法に入っても，これらのスキルを使い続けましょう。
4) ではいよいよ「スキーマ療法」の扉を開けるときが来ました。

レッスン7のホームワーク

1) ちょっと面倒かもしれませんが，本書の「レッスン1」から「レッスン7」までを読み返しましょう。じっくりと読み返してもいいですし，パラパラとページをめくるのでも構いません。あなたなりにおさらいをしておいてください。
2) 日常生活の中で「サポートネットワーク」「セルフモニタリング」「マインドフルネス」「コーピングレパートリー」を意識して活用しましょう。

コーヒーブレイク
ここまで大変お疲れ様でした

　これであなたは，スキーマ療法のすべてのお膳立てを終えることができました。ここまでいかがでしたでしょうか？「サポートネットワーク」「セルフモニタリング」「マインドフルネス」「コーピングレパートリー」を身につけ，活用することで，すでに何らかの変化を実感している人もいることでしょう。実はこの4つを身につけるだけで，良い方向に生活が変化したり，症状や問題が解消したり，生きづらさが解消されたりするクライアントさんは，カウンセリングの場でも少なくありません。その場合，それ以上何かに取り組むのではなく，これらの4つを使い続けながらしばらく様子を見て，大丈夫そうだったらカウンセリングを終わりにする，ということもよくあることです。

　したがってこの時点でお膳立ての効果を感じ，「もうこれ以上何かに取り組まなくてもいいんじゃない？」「スキーマ療法をやりたくて本書を読み始めたけれども，別にやらなくてもいいんじゃない？」と思われる方は，ぜひご自身の感覚を信じ，このまま様子を見てください。様子を見て，大丈夫そうであればこれ以上進む必要はありません。これらのスキルを使って自分を助け続けてください。様子を見るなかで，「でもやっぱり自分の生きづらさは解消していない。スキーマ療法に取り組みたい」ということであれば，そのときにスキーマ療法の扉を開ければよいでしょう。もちろん「今は大丈夫だけれど，スキーマ療法がどういうものか知りたい」「今の自分には必要ないかもしれないが，スキーマ療法に興味がある。やってみたい」という方は，ぜひこのまま一緒に進みましょう。

　一方「お膳立てを身につけて，自分助けが前より上手になったかもしれないが，自分の生きづらさは全く変わっていない」という方には，これから取り組むスキーマ療法がまさに役に立つことでしょう。ぜひ一緒に進んでいきましょう。

　スキーマ療法もこれまでのお膳立てと同様，無理をせず，少しずつ進めていくものです。これまでと同様に，一歩一歩，気長に，でも着実に，進んでいきましょうね。

レッスン8 スキーマ療法の考え方を理解しましょう
——生きづらさを扱うための新たなアプローチ

🐚 レッスン8で何をするか

　皆さん，お待たせしました。この「レッスン8」からいよいよスキーマ療法が始まります。皆さんには，これまでの「お膳立て」と同様に，少しずつ，着実に，時間をかけて，スキーマ療法に取り組んでいってもらいたいと思います。

　このレッスンでは，まず，「スキーマ療法とは何か」ということについて簡単な解説を行い，スキーマ療法で最も重要な「早期不適応的スキーマ」という概念について説明をします。「早期不適応的スキーマ」って，また，ずいぶん難しい言葉が出てきましたね。「自分に理解できるだろうか？」と不安になる方がいるかもしれませんが，大丈夫です，心配しないでください。これは言い換えると「自分を生きづらくさせるスキーマ」ということにすぎません。その正式な名称が「早期不適応的スキーマ」というだけのことですので，皆さんには別にこの難しい言葉を覚えてもらう必要は全くありません。ただし，「早期不適応的スキーマとは何か？」ということについては，丁寧に解説するので，ぜひしっかりと読み，しっかりと理解してください。

　大まかに言ってしまうと，皆さんは，スキーマ療法を通じて，自分を生きづらくさせるスキーマ（すなわち早期不適応的スキーマ）が何であるかということを心から理解し，次にそのスキーマを手放すことを試みます。生きづらくさせているスキーマを手放すということは，言い換えると「自分を生きやすくしてくれるスキーマ」を手に入れる，ということです。そのようなスキーマのことを本書では「ハッピースキーマ」と呼びます。このレッスンの最後には，この後，皆さんが本書を通じて，どのように早期不適応的スキーマを理解し，手放し，どのようにハッピースキーマを手に入れるか，という道のりをお示しします。「ああ，こうやって回復していくんだなあ」ということを何となくイメージしてもらえればそれで十分です。

　それでは早速レッスンに入りましょう！

> 🔑 レッスン8のキーワード ▶ スキーマ療法，生きづらさ，生きづらさからの回復，
> 感情欲求，傷つき体験，早期不適応的スキーマ，
> ハッピースキーマ

レッスン8-1　スキーマ療法とは何か

　スキーマ療法（Schema Therapy）とは，米国の心理学者のジェフリー・ヤング先生が考案した心理療法です。もともとヤング先生は認知行動療法を専門とするセラピストでした。認知行動療法はうつや不安など心理的な症状に大変効果のある心理療法です。しかしヤング先生が出会ったのは，「心理的な症状」だけではなく「心の深い部分の傷つき」や「ずっと抱えてきた生きづらさ」といった，症状を超えた，症状よりもっと深くて広いレベルで苦しんでいる人たちでした。そういった人たちは，認知行動療法によって心理的な症状が解消されても，ちっとも幸せになれないのです。そこでヤング先生は，自動思考レベルの認知行動療法をぐっと深め，スキーマレベルの心理療法を開発しました。それがスキーマ療法です。

　「レッスン4」で紹介した三角形の図を覚えていますか？　認知には「浅いレベル」と「深いレベル」があることを示した図です。浅いレベルの認知が自動思考，深いレベルの認知をスキーマと呼ぶのでしたね（図8-1）。

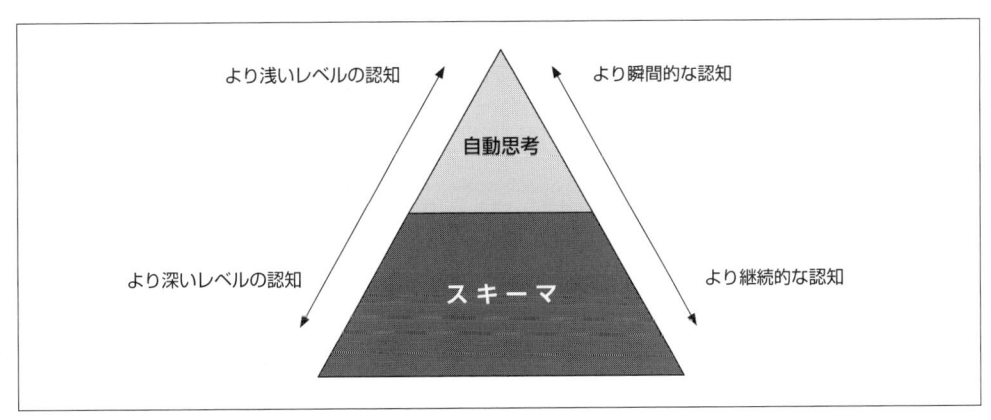

図8-1　認知の構造（自動思考とスキーマ）

　「レッスン4」では賞味期限切れの納豆の例を挙げて，自動思考とスキーマについて説明しましたが，ここでは別のたとえ話を用います。それは「症状」と「体質」の関係についてです。たとえばあなたの身体のどこかに「おでき」が出来たとします。痛い痛

いおできです。あなたは皮膚科に行っておできを取り，手当てをしてもらいます。数日も経てば傷口はきれいに治り，痛みもなくなりました。めでたしめでたし！

……それで済めばよかったのですが，少ししたら，今度は身体の別の箇所にこの前と似たようなおできが出来ました。ああ，痛い！　というわけで，またまた皮膚科に行きました。皮膚科のお医者さんは，この前と同じように手当てをしてくれました。その際，今後おできが出来ないようにするにはどうしたらよいか，おできの出来始めにどうやって気づき，ひどくなる前にどうやって手当てすればよいか，といったアドバイスをくれました。あなたは，「ああ，それだったらおできの出来始めに気づいて自分で手当てができるぞ。助かった」と喜びます。数日経って新たに出来たおできも自分できれいに治せました。その後もおできが出来そうになったときには，早めに自分で手当てができるようになりました。めでたしめでたし！

……だったら良かったのですが，とにかくおできが出来るんです。早めに自分で手当てをしても，次から次へと出来るんです。ある種のおできは出来にくくなっても，また別の種類のおできが出来てしまうんです。そうなると自分で手当てができず，またまた皮膚科に行かざるを得なくなってしまうんです。あなたは困り果ててしまいます。このままだといたちごっこです。

あるときあなたは気づきました。「おできの手当てだけでは，いつまでたっても，同じことの繰り返しだ。これはおできだけの問題じゃない。『おできの出来やすい体質』の問題だ。体質改善が必要なんだ」*。そこであなたは一念発起して，おできの出来やすい体質とはどのような体質か，自分の体質を徹底的に調べ，時間をかけて地道に体質改善に取り組みました。おできの治療は3日で済みますが，体質改善は数カ月も数年も

＊「おでき」と「体質」の話はあくまでスキーマをイメージしやすくするための「たとえ話」であり，医学的な根拠に基づいた話ではありません。

かかります。地道な取り組みですし，すぐに成果が出ないので，ときには面倒になったり，「もうやめてもいいかな」と思ったりもしましたが，「おできが出来やすい体質のままで生きていくのはもう嫌だ」と考え直し，体質改善を図りました。1年経つと，前よりおできが出来にくくなったような気がします。それでもやはりたまーにおできが出来ます。2年経つと，さらにおできが出来にくくなったように思われます。「おお！ だいぶ体質が改善されたかも！」。念のためもう1年，体質改善の試みを続けます。このように3年にもわたる取り組みの結果，あなたの体質は見事に改善され，「おできの出来にくい体質」をあなたは手に入れたのでした。(おしまい)

　おできの話を長々と書きましたが，おできを「うつや不安などのメンタルの症状」「心の悩み」，おできが出来やすい体質を「生きづらさ」に置き換えてみてください。症状を治しても治しても，それでもやっぱり症状が出てきてしまう。心の悩みを何度もその都度解決しても，悩みが尽きない。そういった場合，対症療法ではなく，上のたとえ話と同様，「心の体質改善」が必要なのかもしれません。その体質改善に役に立つのがスキーマ療法です。スキーマ療法は，「生きづらさ」という「心の体質」を改善・回復するために開発された心理療法なのです。

　ちなみに体質は英語で「constitution」と言います。このconstitutionという単語には，「憲法」という意味もあります。スキーマとはまさに「心の憲法」のようなもので，私たちはそれぞれ自分なりの「心の憲法」に従って生きています。その憲法があなたを幸せにしてくれるのであれば，もちろんそのままでよいのですが，そうでなければ憲法改正が必要となるという，そういう論理です。

　ヤング先生の開発したスキーマ療法では，うつや不安といった精神症状ではなく，その人が長年抱えてきた「生きづらさ」を「その人を生きづらくさせる心の体質」の問題とみなして，その体質改善を図ろうというものです。スキーマ療法では，「その人を生きづらくさせる心の体質」を「早期不適応的スキーマ」と呼んでいます。「早期不適応的スキーマ」を定義すると，「人生の早期に形成されて，その時は必要だったかもしれないけれども，今ではその人を生きづらくさせてしまっている（その人を不適応に陥らせてしまっている）スキーマ」ということになります。「人生の早期」とは，主に幼少期や思春期のことを言います。「早期不適応的スキーマ」の具体的な内容については「レッスン11」(Book 2につづく)で述べますが，スキーマ療法について具体的にイメージしてもらうため，一つだけ事例を紹介します。

　幼少期に両親から虐待を受け，誰からも助けてもらえなかったという人がいるとします。気の毒なことに，彼は（仮に男性ということにしましょう），学校でも何度か同級生によるひどいいじめに遭いました。そのときも誰にも助けてもらえませんでした。

　こういった体験をした人の中には，「人は自分をいじめる恐ろしい存在だ」「人のことなんか信じてはならない」「自分はみんなからないがしろにされるダメな人間だ」と

レッスン **8** スキーマ療法の考え方を理解しましょう

いった思いが形成されたとしてもおかしくないでしょう。これが「スキーマ」です。と
ころでこれらのスキーマは，最初から「不適応的」だったのでしょうか。そんなことは
ありません。彼は家庭でも学校でも実際に虐待され，いじめられ，助けてもらえなかっ
たのです。となると，幼少期・思春期の彼が，「人は自分をいじめる存在だ」と思い，
「だから人のことなんか信じてはならない」と信じるのは，ある意味当然で，むしろ適
応的といえるかもしれません。彼はそう信じることによって自分を守ったのです。そし
て一人で頑張って生き延びたのです。

　そういう彼が大人になったとします。大人になって社会で働くとします。皆さんご存
じのとおり，社会には，そして職場には，いろいろな人がいますよね。いい人もいれば
嫌な人もいる，優しい人もいれば意地悪な人もいる，他人を積極的にサポートする人も
いれば，他人に頼ってばっかりの人もいる，気の合う人もいれば合わない人もいる。み
んな，その中で，気の合う人，自分を助けてくれる人，相談に乗ってくれる人を見つけ
て，そういう人と助け合いながら生きていくわけです。

　ところが「人は自分をいじめる存在だ」「人のことなんか信じてはならない」という
スキーマを持って大人になった彼は，そのスキーマというフィルターを通してすべての
人を見てしまいます。中には彼にとってサポートになる人，信じ合えるような人がいる
かもしれませんが，彼にはそうは思えません。たとえ人に優しくされても，「これには
何か裏があるに違いない」「どんな魂胆があるんだろう」と疑ってしまいます。また
「自分はダメな人間だ」と信じているので，たとえ職場で誰かにほめられたとしても，
「この人は本当の自分を知らないからこんなこと言ってるんだ」「自分がダメ人間だとば
れたら，どうせ俺のことをいじめてくるんだろう」と思って，そのほめ言葉を信じるこ
とができません。

　どうでしょう。彼の「人は自分をいじめる存在だ」といった人生早期に形成されたス
キーマは，当初は彼を守ってくれたのかもしれませんし，生き延びるための助けになっ
ていたかもしれません。しかし，大人になり，社会に出ていくにしたがって，これらの
スキーマは彼が人と関わりを持ったり，仕事をしていったりするうえで，かえって妨げ
になることがわかりますか？　これらのスキーマは彼を幸せにしてくれません。となる
と，これらのスキーマは結果的に「不適応的」であるということになります。これが
「早期不適応的スキーマ」なのです。その人を守るために形成されたスキーマが，結果
的にその人の生きづらさにつながってしまう，という逆説的な性質が「早期不適応的ス
キーマ」にはあります。

　これはいくぶん極端な例だと感じる方もいるかもしれませんが（ただこういった人は
実際には少なくありません），「早期不適応的スキーマ」がどのようなものか，といった
ことについて，大まかに理解できたでしょうか。

レッスン 8-2　スキーマ療法では何をするのか

　スキーマ療法では，まず過去を振り返って，幼少期や思春期に（場合によっては，大人になってからの時期も含めて），今の自分を形作るどのような体験をしたのか，ということを振り返ります。そしてそのような体験によってどのような「早期不適応的スキーマ」が自分の中に形成されたのかを確認します。同時にその「早期不適応的スキーマ」が今の自分にどのような影響を与えているかについても確認します。つまり今の自分の生きづらさにどれだけつながっているかを確認するのです。それらのスキーマが今の自分を相当生きづらくさせていることがわかったら（つまりそのスキーマが「不適応的」であることが確認されたら），そのような不適応的スキーマを手放し，新たな「自分を生きやすくさせてくれるスキーマ」すなわち「ハッピースキーマ」を手に入れます。そしてその「ハッピースキーマ」に基づいて日々の生活を送るよう工夫をします。そのような生活の工夫を続けているうちに，あなたは気づくことでしょう。生きづらさが薄らいでいることに。生きることが好きになってきていることに。人との関わり方が上手になってきていることに。自分や他人のことを前より信じられるようになっていることに。前よりハッピーになってきていることに。自分が回復していることに。これがスキーマ療法です。

レッスン 8-3　スキーマ療法が世界的に注目される理由

　「ええ？　そんなうまい話があるの？　信じられない！」「こんなに生きるのがつらい私が，そんなふうになれるわけがない」と思う人もいるでしょう。現時点ではそのような反応はごく自然なものだと思います。スキーマ療法の効果は実際に取り組んでみて，実感としてわかるものなので，今，上で私が書いたことを無理に信じてもらう必要はありません。しかしスキーマ療法が現在，なぜ世界的に注目されるようになったか，ここで，その経緯を簡単にまとめておくことにします。

　スキーマ療法は，生き方レベルの問題を抱える人を手助けするために，米国のジェフリー・ヤング先生が認知行動療法を拡張する形で構築した，ということはすでに述べました。ヤング先生が初めてスキーマ療法の文献を発表したのは1990年です。その後もヤング先生はスキーマ療法の実践や研究を重ね，10年以上の時を経て，2003年にスキーマ療法の本格的な治療者用教科書を出版しました。この本はヤング先生自身が「スキーマ療法のバイブルだ」とおっしゃっています。このバイブルがもとになって，ヨーロッパ，主にオランダでスキーマ療法の効果研究が盛んに行われるようになりました。特に2006年に刊行されたオランダ人チームによる論文は，世界中を驚かせました。

この2006年のオランダチームの論文は，境界性パーソナリティ障害（BPD）の患者さんたちに対してスキーマ療法の効果を調べたものです。本書は医学書ではないのでBPDについてここでは詳しく紹介しませんが，BPDを抱える人は長年にわたって「生きづらさ」を抱えている人です。それは間違いありません。そのような障害を抱える人たちが，3年間スキーマ療法に取り組むなかで，めざましい改善・回復を遂げたのです。この研究の素晴らしさは，スキーマ療法を通じて，単に抑うつ症状や不安症状が改善した，ということだけでなく（それだけでも素晴らしい治療効果ですが），パーソナリティ障害自体が治ったり，生活の質（QOL）が向上したりしたことを示したことです。つまり，さきほどの「おでき」と「体質」のたとえでいうと，スキーマ療法によって「おでき」が治ったばかりではなく，「体質」が改善されたことをこの研究は示したのです。

　この研究が起爆剤となって主にヨーロッパでスキーマ療法の実践が盛んになり，様々な治療効果研究も行われ，おおむねかなり良好な効果が報告されています。

　日本では，私たちのチームがヤング先生の「バイブル」を翻訳し，2008年に翻訳書を出版しました（下記の参考図書の1番目に紹介しました）。翻訳をしながら私たち自身がスキーマ療法を学び，徐々に実践を積み重ねていますが，今のところ非常に大きな手ごたえを感じています。私たちの臨床現場でもスキーマ療法によって「生きづらさ」から回復し，「生きやすさ」をつかんで回復していくクライアントさんが少しずつ増えています。今後私たちも日本でスキーマ療法の効果研究を実施して，世界に発信したいと考えています。

　そういうわけで，現時点で，あなた自身が実感として「スキーマ療法ってこんなふうに効果があるんだ」とは思えないのは当然だとしても，スキーマ療法の確実な効果が実際に示されていること，それも「おでき」ではなく「体質」レベルでの効果が示されているという事実を，今はぜひ心にとめておいてください。

　なお，スキーマ療法の治療効果に関する研究についてもっと詳しく知りたい方は，下の2番目に紹介する参考図書を参照してください。もちろんヤング先生自身の「バイブル」を読んでいただいても構いません。

◆参考図書

- ジェフリー・E・ヤング ほか（著），伊藤絵美（監訳）『スキーマ療法―パーソナリティの問題に対する統合的認知行動療法アプローチ』2008年，金剛出版
- 伊藤絵美，津高京子，大泉久子，森本雅理（著）『スキーマ療法入門―理論と事例で学ぶスキーマ療法の基礎と応用』2013年，星和書店

レッスン 8-4　今後の進め方

　それでは今後，本書を通じてどのようにスキーマ療法に取り組んでもらうのか，ここでざっと紹介しておきましょう。「ああ，スキーマ療法ってこれからこんなふうに進めていくんだなあ」ということがなんとなくイメージできれば十分です。

1) **安全なイメージ作り**：スキーマ療法を通じて自分自身の心の傷ついた部分に直面するのは，それなりにしんどい作業です。あまりにもしんどくなったりつらくなったりしたときに戻ることのできる「安全なイメージ」をまず作ります。
2) **これまで生きてきた道のりを振り返る**：幼少期や思春期（必要によってはそれ以降の時期）を振り返り，今の自分につながるようなどのような体験をしたのか，考えてみます。過去の自分に会いに行く作業です。
3) **早期不適応的スキーマを理解する**：ヤング先生の提唱する早期不適応的スキーマを紹介します。「いろいろなスキーマがあるんだなあ」という感じで，まずは頭で理解してもらいます。
4) **自分にどの早期不適応的スキーマがあるかを理解する**：過去の自分の体験と，早期不適応的スキーマを突き合わせて，自分の中にどのスキーマがどの程度あるのか，それぞれ判定をしてみます。
5) **スキーマモードという視点から自分を理解する**：ヤング先生のスキーマ療法で新たに加わった「スキーマモード」という考え方を紹介します。スキーマモードを通じてさらに自分への理解を深めます。
6) **スキーマやスキーマモードをマインドフルにモニタリングする**：スキーマやスキーマモードの視点を通じて，日々の自分の体験をモニタリングできるように練習します。その際のキーワードはもちろん「マインドフルネス」です。スキーマやスキーマモードに翻弄される自分を優しく受け止めながら観察するのです。
7) **ハッピースキーマを探してみる**：「早期不適応的スキーマ」は「生きづらさ」に関連するスキーマですが，これまでのあなたを支えてくれた「ハッピースキーマ」も何かあるはずです。それを探します。
8) **ハッピースキーマを作ってみる**：さらに今後のあなたの支えとなり，生きやすくさせてくれる「ハッピースキーマ」を作ってみます。
9) **ハッピースキーマに沿って行動してみる**：日々ハッピースキーマに沿った行動を取るようにしてみます。ハッピースキーマを持ちながら人と関わるようにしてみます。
10) **モードワークを身につける，ヘルシーモードを自分の中に作っていく**：スキーマ療法の新たな技法である「モードワーク」を練習してみます。また自分の中に「ヘル

シーモード」を作って，自分で自分を癒したり，慰めたり，励ましたりできるように練習します。

　以上が今後あなたに取り組んでもらうスキーマ療法の全体の流れです。これまでと同様，少しずつゆっくりと，自分のペースでスキーマ療法への取り組みを続けていきましょう。
　先にオランダの効果研究について紹介しましたが，それは3年間の研究でした。3年間です。長いですね！　その後の効果研究は若干期間が短縮されましたが，それでも1〜2年かけての研究です。私たちが実際現場でスキーマ療法を行う際も，だいたい2年ぐらいかけて行います。私自身，自分で自分のスキーマ療法を集中的に行った時期がありましたが，やはり2年ほどかかりました。スキーマ療法は短期間にささっと済ませるものではなく，時間をかけてじっくり取り組むべきものなのです。
　その間，あなたを支えてくれるのは，すでに時間をかけてしっかりと用意した4つのお膳立てです。4つのお膳立てとは何でしたっけ？

1）サポートネットワーク
2）セルフモニタリング
3）マインドフルネス
4）コーピングレパートリー

　この4つでしたね。大丈夫。この4つがあれば，あなたは何とか持ちこたえられます。この4つをしっかりと使い続けながら，あせらず，着実に，ゆっくりとスキーマ療法に取り組んでいきましょう。

レッスン8のまとめ

1) スキーマ療法とは「早期不適応的スキーマ」という視点から，自分の生きづらさを見つめ，それを手放すための心理療法です。
2) スキーマ療法を通じて自らのスキーマ（早期不適応的スキーマ／自分を生きづらくさせるスキーマ）を理解し，手放し，新たなスキーマ（ハッピースキーマ／自分を生きやすくさせるスキーマ）を手に入れることができます。そうすると結果的に生きるのが好きになり，人とよりよくつながれるようになります。
3) スキーマ療法もこれまでの認知行動療法と同様に，練習やワークを行いながら，少しずつ身につけていくことが重要です。あせらず，ゆっくりと，少しずつ，でも着実に進めていきましょう。
4) スキーマ療法を進める間，4つのお膳立てを使い続けましょう。

Homework レッスン8のホームワーク

1) 「レッスン8」を1回以上読み返して，スキーマ療法について大まかなイメージをつかみましょう。
2) 4つのお膳立てを日々，しっかりと使い続けましょう。
3) 「レッスン1」（3ページ，8ページ）で「生きづらさ」と「回復のイメージ」を外在化してもらいましたが，その2つのワークに，ここであらためて取り組んでみましょう。「レッスン1」のときと何か変化があるでしょうか。それとも変わりないでしょうか。いずれにせよ，もう一度，ご自分の生きづらさとその回復について思いを馳せてみましょう。

❖ **ホームワーク8－1**

今のあなたが抱える「生きづらさ」を外在化してみましょう。

※「生きづらさ」だけだと漠然としていて考えづらい，書きづらいという方は，「ワーク1－1」と同様の問いを下に挙げておきますので，それらの問いに基づいて考えてみてください。

問い1　自分はふだんどういうことに悩みやすいか？
問い2　「生きていくのは大変！」「生きるのってしんどい！」って感じるのは，どんなとき？
問い3　過去にどういったことで悩んだり苦しんだりしたか？
問い4　これから先の人生について，どんなことが心配？
問い5　人生に何を求めている？　求めているのに，まだ得られていないことって何？

❖ **ホームワーク8−2**

　目を閉じて，自分の中にある「こころの回復力」とはどういうものか，いったいどこにそのパワーがあるのか，自由にイメージしてみましょう。イメージするなかで浮かんできた言葉やフレーズを，下の枠の中に適当に書き出しましょう。絵や図を描いていただいても構いません。

レッスン **8** スキーマ療法の考え方を理解しましょう

レッスン9 安全なイメージを作りましょう
──スキーマ療法のはじまりはじまり

🐌 レッスン9で何をするか

「レッスン8」ではスキーマ療法の大まかな考え方や進め方を紹介しました。そしていよいよこの「レッスン9」から，本格的なスキーマ療法への取り組みが始まります。無理せず，少しずつ，一緒に頑張って進めていきましょうね。

さてこの「レッスン9」では，「安全なイメージ作り」というワークを行います。スキーマ療法ではあなた自身の「生きづらさ」を直接扱います。これは結構しんどい作業です。そのしんどい作業をやりぬくためにも，これまでに4つのお膳立てを準備して，皆さんに身につけてもらいました。それらのお膳立てで間に合う人はそれでもよいのですが，あまりにも大きな生きづらさを抱えている人や，過去にあまりにも大きな傷つき体験をしている人は，それだけでは間に合わないかもしれません。そのために用意しておきたいのが「安全なイメージ」です。

この「レッスン9」では，なぜ「安全なイメージ」が必要か，まず簡単に説明します。次にもう一度皆さんの「コーピングレパートリー」を振り返ってもらいます。コーピングレパートリーを日々しっかりと使うことが，スキーマ療法に取り組むにあたって，あなたの「安全性」を高めてくれます。そのうえであなた自身の「安全なイメージ」を作るワークを行います。またイメージ以外の「安全な何か」も確保してもらいます。

そうしたワークを通じて「どんなにつらくなっても，ここに戻ってくれば大丈夫」という「安全なイメージ」「安全な何か」を持つことができたら，いよいよ次のレッスンからあなたの「生きづらさ」を見つめる旅が始まります。では早速「レッスン9」を開始しましょう。

> 🔑 レッスン9のキーワード ▶ 安全なイメージ，生きづらさ，傷つき体験，
> こころの回復力，「大丈夫」，コーピングレパートリー，
> イメージ以外の安全な何か

安全なイメージ

レッスン9-1　なぜ「安全なイメージ」が必要か

　ではここであらためて，スキーマ療法を進めていくうえで，なぜ「安全なイメージ」が必要か，解説しておきましょう。スキーマ療法ではあなたの「生きづらさ」を真正面から扱っていきます。その際，まずはその生きづらさを理解するため，「その生きづらさがどのようにして作られたのか」「どのような経緯があってそのような生きづらさが形成されたのか」といった「生きづらさの歴史」を調べていくことになります。「生きづらさの歴史」は言い換えると「自分のこれまでの傷つき体験の歴史」ということになります。自分が生まれ育つなかで，どのような傷つき体験をしてきたのか，それらの傷つき体験がどのようにして自分自身の生きづらさにつながったのか，ということをしっかりと，実感を持って理解していくのです。この過程がスキーマ療法では不可欠です。

　でもそれってかなりしんどい体験になりそうな気がしませんか？　過去の傷ついた自分に会いに行くような作業です。その時々の傷ついた自分やその傷つき体験に一回一回直面していくのです。決して楽な作業であるはずがありません。またしんどいからといって，感情を押し殺して，頭の中だけで理性的に行える作業でもありません。感情を無視したら意味がありません。それぞれの傷つき体験には，様々な感情が伴っているはずです。多くはネガティブでつらい感情でしょう。傷ついてそのような感情を抱いている自分にそのまま会って，「ああ，あのときの自分はこんなにつらかったんだなあ」「ああ，あのときにまさに自分はこんなふうに傷ついたんだなあ」と心底理解することが必要です。これは痛いです。このような作業をするにあたっては心が痛みます。スキーマ療法で過去の傷つき体験を理解する作業は，必然的に痛みを伴うのです。

　ここで立てるべき問いは「痛いのは嫌だからやめようか」というものではなく，「どうやって痛みに耐えながらスキーマ療法を進めていくか」「自分の痛みをどう手当てし

ながらスキーマ療法を進めていくか」といった問いです。スキーマ療法に伴う痛みは，自分の生きづらさを真正面から見つめ，過去に傷ついてきた自分に出会い，それらをスキーマという視点から心底理解し，乗り越えていくために，避けずに乗り越えていくべき痛みです。

このように書くと，ビビってしまう人がいるかもしれません。でも私はここで嘘は書けません。スキーマ療法はどうしても「痛い」のです。私自身，スキーマ療法を自ら体験しましたが，かなりしんどかったです。自分の傷つき体験に直面し，それを理解していく過程においては特に。しかし痛みに耐えながら，それをどうにか持ちこたえて，最終的にスキーマ療法をやり抜き，今では新たなハッピースキーマを見つけることができました。今思い出しても「スキーマ療法はしんどくて痛かったなあ」と思いますが，「それでも頑張って乗り越えることができてよかったなあ」と心底思います。

これは私と一緒にスキーマ療法を行った数々のクライアントさんたちも同じです。「つらかったけれども取り組んでよかった」「最初はとってもしんどかったけれども，やり抜くことができてよかった」と皆さんおっしゃいます。

などと書くと，ますますビビってしまう人がいるかもしれませんが，あえて言います，「大丈夫です！」と。「レッスン1」でもお伝えしたように，人には「こころの回復力」が備わっています。私たちは生きていくなかで様々な傷つき体験をし，「生きづらさ」を抱えることになりますが，一方で，「こころの回復力」を通じて，その生きづらさから回復していくことができる存在です。もちろんわざわざスキーマ療法をやらなくたって，時間が経つうちに，あるいは一生懸命生きているうちに，「こころの回復力」が発揮され，生きづらさから回復することは多々あるでしょう。スキーマ療法は，そのような回復をあえて意図的にねらい，回復を目指してがっちりと取り組んでいこうという試みです。「生きづらさ」にがっちりと目を向けるのと同時に，「こころの回復力」にもがっちりと目を向け，それを引き出していこうというわけですから，どうしたって最終的には大丈夫になるのです。スキーマ療法に取り組むにあたって心が痛むのは主に前半部分です。後半，次第に「こころの回復力」が発揮されるようになるにしたがって，痛みは消え，むしろポジティブな思いが感じられるようになっていきます。その前半部分の痛みを何とか乗り越えていきたいのです。

そういうわけで，スキーマ療法の主に前半においては，自らの傷つき体験と直面し，痛みを感じることが必然的に起こります。そこで，それを乗り越えるためのしかけを作っておきたい，というのが「安全なイメージ」を作る理由です。スキーマ療法のワークにいきなり入り，いきなり傷ついた自分に出会ってしまうと，その痛みを日常生活にズルズルと引きずってしまうことになる恐れがあります。その場合，スキーマ療法と日常生活の間に，何か儀式を入れて，区切りをつける必要があります。またあまりにも直面した傷つき体験が深刻で重大な場合も，何らかの儀式を行って，気持ちを切り替え

て，日常生活に戻っていく必要があります。過去の思い出し作業を始めると，日常生活の中でも，フラッシュバックのように過去の記憶が急によみがえってくることが増えることがあります。その場合も，その記憶にやられっ放しにならずに，何らかの儀式を行って，日常の営みに自分を戻す必要があります。その儀式が「安全なイメージ」です。「安全なイメージ」という儀式を行うことで，スキーマ療法と日常生活の間に区切りを入れます。また「安全なイメージ」によって，スキーマ療法による痛みをケアします。スキーマ療法による大きな痛みは，「安全なイメージ」にあなたが戻っていくことによって，癒されていきます。

　ところでなぜイメージなのでしょうか？ イメージでなくても，たとえば「お茶を飲む」とか「好きな音楽を聴く」といったコーピングで十分ではないでしょうか？ そういう疑問を抱く人がいるかもしれません。もっともな疑問です。もちろん状況が許せば，そのようなコーピングで，スキーマ療法に伴う痛みを癒すことができます。しかし，たとえば昼間，道路を歩いているときにスキーマ療法で思い出した過去の記憶が急に浮かんできてパニックになりそうになったとか，夜眠ろうとして横になったときに同じように過去の記憶が急に浮かんできて心が大混乱に陥りそうになったとかいう場合，「お茶を飲む」「音楽を聴く」では間に合いません。お茶や音楽を用意するといった手間をかける必要のない，その場ですぐに自分を助けられる手段が必要です。それには認知，なかでもイメージが一番です。心が一気につらくなってしまったという場合，あるいは過去のつらい体験に一気に引き戻されてしまったという場合，言葉による認知だと間に合わないことがあります。それよりは「安全なイメージ」を，五感をフル活用してありありと思い浮かべ，そのイメージにひたることが，あなたをしっかりと守ってくれるでしょう。そのイメージの中で「私は完全に安心できる」ということがわかっていれば，スキーマ療法に伴う痛みにも直面しやすくなります。「一瞬にしてできる」「五感をありありと使える」というのが，イメージを使う一番の理由です。

レッスン9-2　まずはコーピングレパートリーをしっかりと使い続けること

　スキーマ療法で過去の傷ついた自分に会いに行く前に，「安全なイメージ」を用意しておく必要性がおわかりいただけたでしょうか。ただし皆さんはすでに「コーピングレパートリー」を外在化し，コーピングレパートリーを使った自分助けが日常的にできているはずです。それをスキーマ療法による痛みのケアに使わない手はありません。

　スキーマ療法に取り組む間も，コーピングレパートリーをしっかりと使い続けてください。日常生活におけるストレス体験に対しても，スキーマ療法による心の痛みに対しても，それをしっかりとセルフモニタリングし，マインドフルに受け止めたうえで（ス

キーマのモニタリングとマインドフルネスについては「レッスン14」（Book 2 につづく）で具体的に紹介します），そのストレス体験や痛みへの対処に役立ちそうなコーピングを選び，意図的に使い，効果を検証しましょう。効果が足りなかったり逆効果だったりした場合は，そこであきらめず，別のコーピングを選び直して，意図的に使ってください。そうやって日々の自分助けをしっかりと行います。

　もちろんつらくなったときに，たった一人でそれを乗り越えなければならない，ということではありません。皆さんは自分なりの「サポートネットワーク」をすでに手に入れています。スキーマ療法の中身については話さなくても，誰かに，「今，自分はスキーマ療法というものに取り組んでいて，それは最終的に自分が回復するためのものなんだけど，過去の自分と向き合う作業をするので，取り組んでいる間はちょっときつくて，つらいの。その気持ちを聞いてくれる？」と言って，話を聞いてもらうのもよいでしょう。スキーマ療法の話は一切しなくても，誰かと一緒にいて，おしゃべりをするだけで，気が休まる場合もあるでしょう。いずれにせよ「人に助けを求める」「人にサポートしてもらう」といったコーピングも，使える範囲でうまく使い続けてくださいね。

レッスン 9-3　すぐに戻れる「安全なイメージ」を用意する

　ではこれから「安全なイメージ」を作るワークを行います。五感をフル活用しながらイメージを作っていきましょう。「ワーク9-1」では，①から順番に，次から次へと「安全なイメージ」作りのワークを紹介していきますが，「このイメージがあれば私は大丈夫だ」という「安全なイメージ」を作れたら，全部のワークを行わなくても構いません。たった一つでも，「そこに戻れば私は大丈夫」と強く思える「安全なイメージ」があれば，それで十分だからです。

　ただしそのイメージを「安心だ」「大丈夫だ」と強く確信できない場合は，いくつかのイメージを作り，用意しておいた方がよいでしょう。その場合は複数のワークに取り組み，複数の「安全なイメージ」を用意し，使えるようにしておきます。また「安全なイメージ」を作るワークそれ自体を気に入ったという人は，ぜひすべてのワークにトライしてみてください。

　なお「安全だ」という思いの強さの目安ですが，皆さんにはこの後実際に「ワーク9-1」に取り組むときに，各イメージについて「安全度・安心度」に0％から100％までの数字をつけてもらいます。90％以上「安全だ」「安心だ」と感じられるイメージであれば，それは「安全なイメージ」として今後十分に活用することができるでしょう。したがって安全度・安心度90％以上のイメージが出来たら，そこで打ち止めにして，その先の課題はやらなくても構いません。またそこまで強く安全や安心を感じられるイ

メージが作れない場合は、がっかりせずに、「質より量」の原理で、とにかくたくさんのイメージを用意することにしましょう（たとえ「安全度」が30%であっても、3つのイメージが作れれば「30×3」で90%だから大丈夫です。……変な計算かもしれませんが、そのぐらいの気持ちで取り組んでください）。

　ところで、一つ大事なお願いがあります。もし次に紹介する「ワーク9−1」の課題で示された状況が、あなたのトラウマ（心的外傷：過去に体験したショックな出来事、あなたをひどく傷つけた出来事）に関連しているようであれば、その課題は飛ばしてください。そのワークを行うことで、トラウマのフラッシュバックが起きて、ひどくつらくなったり混乱したりする可能性があるからです。また過去のトラウマを意識的には忘れている場合もあります。その場合、このようなワークをすることで、いきなりその体験を思い出すことがありますので、そうなったらすぐにワークを中止して、何らかのコーピングを行って自分助けをしてください。そしてあなたにとって大丈夫そうなワークだけに取り組んでください。

ワーク9−1　「安全なイメージ」を作る

　①から順番にワークに取り組み「安全なイメージ」を作ります。イメージは何らかの形で外在化しておきましょう。外在化したら、あらためて作ったイメージをしっかりと思い浮かべ、そのイメージがどの程度安全か、そのイメージの中にいるとどれぐらい安心できるか、確認してみてください。

　下に①の記入例を挙げましたので、参考にしてみてください。

❖ ①フリーイメージの記入例

フリーイメージ

草原のイメージ。どこまでも青々とした草原が続いていて、私はそこで横になっている。ポカポカとあたたかく、サラサラとそよ風が吹いて、とってもいい気持ち。草の香りを感じる。土のにおいも感じる。このままずっと横になっていたい。

安全度・安心度　　90　％

---

❶ フリーイメージ

　目を閉じて,「自分にとって安全なイメージって何かなあ?」「どういうことをイメージすると自分が心から安心できるかなあ?」と自分に問いかけてください。そして「安全なイメージ」「安心なイメージ」が出てくるのをしばらく待ちます。どんなイメージが出てきましたか?　それを外在化しましょう。外在化したら,ふたたび目を閉じて,イメージしてみます。そのイメージの中で,あなたはどれぐらい安全や安心を感じることができるでしょうか。「全く安全でない」「全く安心できない」を「0％」,「完全に安全だ」「完全に安心できる」を「100％」として数字をつけてください。

フリーイメージ

安全度・安心度_____％

❷ 誰かと一緒にいて安心しているイメージ

　これから，誰かと一緒にいてあなた自身が心からくつろいで安心している，というイメージを作ります。誰と一緒にいることにしましょうか？　あなたが安心できるのであれば，それは誰でも構いません。直接知っている人でも，そうでない人でもOKです。……その「誰か」が思い浮かんだら，目を閉じて，自分がその人と一緒にいて，安心してくつろいでいる場面をイメージしましょう。それはどんな状況でしょうか？　その人とあなたは何をしているでしょうか？　イメージができたらいったんそれを外在化します。その後，再び目を閉じて，もう一度その場面をイメージします。そのイメージの中で，あなたはどれぐらい安全や安心を感じることができるでしょうか？　「全く安全でない」「全く安心できない」を「0％」，「完全に安全だ」「完全に安心できる」を「100％」として数字をつけてください。

（記入例は177ページ参照）

誰かと一緒にいて安心しているイメージ

安全度・安心度＿＿＿＿＿％

❸ アイスクリームのイメージ

　世界に一つだけのオリジナルアイスクリームをイメージの中で作ります。どういうコーンにする？　それともカップにする？　アイスクリームは，どんなのにする？　ソフトクリーム？　ハーゲンダッツのような？　ジェラート系？　どういうフレーバーのアイスにする？　チョコレート？　ストロベリー？　ラムレーズン？　それとも牧場で売っているような真っ白のソフトクリーム？　トッピングは？　……あなただけのアイスクリームが出来上がったら，目を閉じて，そのアイスクリームをありありとイメージし，イメージの中で，アイスクリームを味わいます。もちろんマインドフルに！　……ひと通りアイスクリームを味わったら，目を開けて，どんなアイスクリームだったか，外在化しましょう。またアイスクリームをイメージし，味わっているときの「安全感・安心感」に数字をつけてみましょう（0～100％）。

（記入例は 177 ページ参照）

アイスクリームのイメージ

安全度・安心度＿＿＿＿＿＿＿％

❹ シャボン玉のイメージ

「シャボン玉のイメージ」は以下に示すとおり2種類あります。好きな方を選んでください。

その1）大小さまざまの，七色に光る，シャボン玉が，いっぱいいっぱい飛んでいます。あなたはそれらのシャボン玉にふわふわと包まれています。シャボン玉のいい匂いもします。無数のふわふわのシャボン玉の中で，あなたはとってもいい気持ちです。

その2）大きな大きなシャボン玉があります。このシャボン玉はとっても強くて，あなたが望まない限り破れたり穴が開いたりすることはありません。あなたはこの大きなシャボン玉の中にいて，とってもくつろいでいます。シャボン玉があなたをしっかりと守ってくれるので，あなたはすっかり安心して，シャボン玉の中から世界を眺めることができます。あなたはそこにいたい間はずっとシャボン玉の中にいることができます。シャボン玉の中にいる限り，あなたは完全に守られているのです。

どちらのシャボン玉を選びましたか？　目を閉じて，じっくりとイメージをしたら，それを外在化し，「安全度・安心度」に数字をつけましょう。

（記入例は178ページ参照）

シャボン玉のイメージ

安全度・安心度＿＿＿＿％

レッスン **9** 安全なイメージを作りましょう

❺ お風呂のイメージ

　お風呂のイメージを一つ作ります。自宅のお風呂でも，温泉旅館のお風呂でも，架空のお風呂でも，何でも構いません。室内のお風呂でも露天風呂でも構いません。あなたはそのお風呂に入って完全にくつろいでいます。お湯はあたたかくあなたを包んでくれます。ゆっくりと身体が温まって，本当にいい気分です。お風呂には一人で入っても，誰か安心できる人と一緒に入っても構いません。目を閉じて，お風呂に入って完全にくつろいでいる自分をイメージしましょう。それを外在化し，「安全度・安心度」に数字をつけましょう。

　（記入例は 178 ページ参照）

お風呂のイメージ

安全度・安心度＿＿＿＿＿％

❻ 空を飛ぶイメージ

　空を飛んでみましょう。今のあなたのまま（つまり人間のまま）で飛んでもらってもいいですし，鳥や虫になって飛んでもらってもいいです。飛行機になってもらってもいいですし，風船になって空中を漂ってもらってもいいです。アニメのキャラクターになってもらうこともできます。とにかく気持ちよーく空を飛んでみてください。速度は速くてもゆっくりでも構いません。では目を閉じてイメージの中で気持ちよく空を飛んでみましょう。そのイメージを外在化し，「安全度・安心度」に数字をつけましょう。
　（記入例は179ページ参照）

空を飛ぶイメージ
安全度・安心度_____％

レッスン **9** 安全なイメージを作りましょう

❼ カンガルーの赤ちゃんのイメージ

　カンガルーの赤ちゃんになってみましょう。あなたはお母さんカンガルーのポケットに入っています。どこに行くのもお母さんと一緒。ポケットの中から見える風景もお母さんと一緒。ポケットからずり落ちそうになったら，すかさずお母さんが助けてくれて，あなたはポケットの中に無事納まります。お母さんのポケットの中にいる限り，あなたは完全に守られていて，安心していられます。では目を閉じて，お母さんカンガルーのポケットの中に入りましょう。オーストラリアの自然の大地の中で，あなたは，いつまでもどこまでもお母さんと一緒にいて，安心しながら世界を見渡しています。お母さんの身体の温かさや柔らかさを感じながら，あなたは完全にくつろいでいます。お母さんが歩いたり跳んだりするとその振動も心地よく伝わってきます。ではそのイメージを外在化しましょう。「安全度・安心度」の数字もつけてみましょう。

（記入例は 179 ページ参照）

カンガルーの赤ちゃんのイメージ

安全度・安心度＿＿＿＿＿％

❽ お花畑のイメージ

　お花畑をイメージします。どんな花にしましょうか。ひまわり？　チューリップ？　菜の花？　コスモス？　ラベンダー？　バラ？　いろんな種類の花が咲き乱れているお花畑にする？　目を閉じて，お花畑と，そのお花畑のど真ん中にいる自分をイメージします。花の色，形，匂い，葉っぱの色，形をイメージします。空は何色？　青空？　曇り空？　あなたはそこで何をしている？　お花畑を歩き回る？　花を観察する？　花を摘んで花束を作る？　あなたはお花畑の中で完全にリラックスし，お花畑を満喫しています。目を開けて，今のイメージを外在化しましょう。そしてそのイメージの「安全度・安心度」に数字をつけてみましょう。

（記入例は 180 ページ参照）

お花畑のイメージ

安全度・安心度_____%

レッスン **9** 安全なイメージを作りましょう

❾ 小さな子どもになってゆりかごですやすや寝ているイメージ

　小さな子どもになってみましょう。赤ちゃんでもいいですし，3歳ぐらいの幼児でもいいです。もう少し大きくなった4，5歳ぐらいの子どもでもいいです。小さな子どもになったあなたは，ゆりかごでお昼寝しています。ゆりかごはお家の中にあってもいいですし，お庭にあってもいいです。一人ですやすや寝ているのでもいいですし，そばに誰かがいてくれるイメージでもいいです。子守唄など，何かメロディーが流れている空間でもいいですし，しーんとした静かな空間でもいいです。あなたは完全に安心して，気持ちよーくすやすやとお昼寝しています。それでは目を閉じて，小さな子どもになって，ゆりかごですやすやとお昼寝している自分をイメージしてみましょう。……では目を開けて今のイメージを外在化し，「安全度・安心度」に数字をつけてみましょう。
　（記入例は180ページ参照）

小さな子どもになってゆりかごですやすや寝ているイメージ

安全度・安心度＿＿＿＿＿＿％

❿ リゾート地のイメージ

　リゾート地でのんびりくつろいでいる自分をイメージしましょう。ビーチ？　ホテルのプール？　高原？　牧場？　山小屋？　スキー場？　どこでも構いません。行ったことのあるところでも，ないところでも，どこでも構いません。一人でいるところでも誰かと一緒にいるところでもOKです。そこはどこですか？　そして今はいつですか？　明け方？　朝？　昼間？　午後？　夕方？　サンセット？　夜？　あなたは何をしていますか？　そこには何が見えますか？　海？　山？　空？　雲？　太陽？　夕焼け？　虹？　星空？　……目を閉じてリゾート地にいる自分をイメージしてみましょう。あなたはそこで完全に安心し，くつろいで過ごしています。……目を開けて今のイメージを外在化しましょう。「安全度・安心度」に数字をつけてみましょう。

（記入例は181ページ参照）

> リゾート地のイメージ
>
>
>
>
>
>
>
>
>
>
>
>
>
>
> 　　　　　　　　　　　　　　　　　　　　　　　安全度・安心度_____％

レッスン **9**　安全なイメージを作りましょう

⓫ 象の子どもになって，群れの中で守られているイメージ

　　象は群れになって，みんなで子どもの象を囲み，守るという性質があります。あなたは象の子どもになって，お父さん象，お母さん象，おじさん象，おばさん象，お兄さん象，お姉さん象たちに囲まれて，サバンナを移動中です。サバンナには危険がいっぱいありますが，あなたは大人や年上の象たちに完全に守られていますので，群れの中で，安心して，むしろウキウキと楽しい気分で，とことこ歩いています。では目を閉じて，アフリカの大地をイメージしましょう。象の群れがサバンナを移動しています。あなたは群れの真ん中にいる象の子どもです。アフリカの太陽が降り注ぐ中で，大人の象たちや年上の象たちに囲まれて，あなたはサバンナをとことこ歩いています。皆が自分を気づかい，皆が自分を守ってくれるので，本当に安心です。それに皆と一緒に歩くのって，それだけで楽しい。そんなイメージです。……では目を開けて，今のイメージを外在化しましょう。イメージの「安全度・安心度」に数字をつけてみましょう。

　　（記入例は 181 ページ参照）

象の子どもになって，群れの中で守られているイメージ

安全度・安心度_____％

176

❖ ②誰かと一緒にいて安心しているイメージの記入例

誰かと一緒にいて安心しているイメージ

小さい頃，母方の祖父母の家に行って，早朝に目を覚ますと，おじいちゃんが早起きしていて，港まで散歩に連れて行ってくれた。おじいちゃんと一緒にいると本当にほっとする。おじいちゃん大好きだった。もう死んじゃったけど。おじいちゃんと散歩している自分をイメージしよう。

安全度・安心度　100　％

❖ ③アイスクリームのイメージの記入例

アイスクリームのイメージ

硬めのパリパリとした茶色いコーンに，イタリアンジェラートのアイスをたっぷり乗せる。フレーバーは2種類。1つはピスタチオ風味のジェラート。昔どこかで食べて，すごく美味しかったから。もう1つはストロベリーのジェラート。いちごのつぶつぶが入っていて，とてもきれいだし，さわやかで美味しい。

安全度・安心度　90　％

❖ ④シャボン玉のイメージの記入例

シャボン玉のイメージ

大きなシャボン玉のイメージがいい。「シャボン玉の中にいる限り，あなたは完全に守られている」というのがとてもいい。大きなシャボン玉に完全に守られ，ずっとそこでくつろいでいたい。そこはきっと安心感に包まれていて，そしていい匂いのする空間なのだろう。

安全度・安心度___100___％

❖ ⑤お風呂のイメージの記入例

お風呂のイメージ

誰も来ない山里の露天風呂。緑にかこまれている。誰も来ないことを私は知っているから，安心してお湯につかる。お湯は乳白色で，ほのかに硫黄の匂いがする。いかにも温泉という感じ。お湯は熱すぎず，ぬるすぎず，ずっと入っていられそう。私はお湯に肩までつかって，目を閉じて，ゆるゆるとくつろいでいる。鳥のさえずりが聞こえる。ああ，とっても気持ちがいい。

安全度・安心度___90___％

❖ ⑥空を飛ぶイメージの記入例

空を飛ぶイメージ

昔見た夢。私はなぜかディズニーのダンボになって空を飛んでいた。それがすごく気持ちがよくて、楽しかった。あの夢のことを今でも繰り返し思い出す。何の心配事もなく、ただただ空中をヒューン、ヒューンと楽しく飛び回っていた。それが私の「空を飛ぶイメージ」。

安全度・安心度 __100__ ％

❖ ⑦カンガルーの赤ちゃんのイメージの記入例

カンガルーの赤ちゃんのイメージ

カンガルーママの身体のポケットだから、とってもあたたかい。ポケットの中からちょっとだけ顔を出して草原を見渡すの。ママが歩いたり跳んだりすると遊園地の乗り物みたいでちょっと楽しい。ポケットの中はママが守ってくれているから落ちる心配が全くなくてとにかく安心。ママのポケットの中にいるのが大好き！

安全度・安心度 __95__ ％

レッスン **9** 安全なイメージを作りましょう

❖ ⑧お花畑のイメージの記入例

お花畑のイメージ

色とりどりのチューリップ畑にしよう。赤，ピンク，オレンジ，黄色のチューリップが咲き乱れているお花畑。葉っぱは薄い緑色でとても生き生きしている。私はチューリップの色彩にうっとりしながら，お花畑を散歩している。空はくっきり晴れていて，そよ風が吹いている。本当に気持ちがよい。

安全度・安心度__90__％

❖ ⑨小さな子どもになってゆりかごですやすや寝ているイメージの記入例

小さな子どもになってゆりかごですやすや寝ているイメージ

小さなおうちの小さな子ども部屋にゆりかごがあって，3歳の私はそこでお昼寝をしている。オルゴールの音で子守唄が流れている。レースのカーテンから薄く光が差している。ゆりかごの近くにお母さん（私の本当の母ではない，架空のお母さん）が座っていて，静かに本を読んでいる。私は安心しきって，すやすやと寝ている。何か楽しい夢でも見たのか，眠りながら笑っている。

安全度・安心度__100__％

❖ ⑩リゾート地のイメージの記入例

リゾート地のイメージ

ハワイ（行ったことないけど……笑）。テレビや雑誌で見たことのあるハワイのビーチ。砂浜のデッキチェアに腰かけて海を見ている。夕方で夕日がとってもきれい。空一面に夕焼けが広がっている。穏やかな波が寄せては引き，寄せては引いている。ザブーン，ザブーンという波の音が心地よい。私の隣には素敵な恋人が座っている（架空の恋人……笑）。二人で静かに海を見ている。

安全度・安心度 ___90___ ％

❖ ⑪象の子どもになって，群れの中で守られているイメージの記入例

象の子どもになって，群れの中で守られているイメージ

アフリカって広いなあ。広い広い大地を僕（象の子ども）はみんなと歩いている。「みんな」とは，パパ，ママ，おじさん，おばさん，お兄ちゃん，お姉ちゃん，いとこのお兄ちゃんお姉ちゃんたち。みんな，僕よりずっと大きな体をしている。僕も早く大人になって，大きな体になりたいなあ。みんなで歩くのってとっても楽しい。前にも横にも後ろにもみんながいる。みんな一緒だ！

安全度・安心度 ___98___ ％

さて，全部で11の「安全なイメージ」を作るワークを紹介しました。いかがでしたでしょうか？「安全度・安心度」に90％以上の数字がついたイメージがありましたか？あればそのイメージを今後使っていきます。90％以上のものがなかった人も，心配しないでください。多くの人は，「安全なイメージ」の練習を繰り返すうちに，次第にそのイメージに慣れてきて，「安全度・安心度」が高まってきます。したがってホームワークを通じて，少しでも「安全度・安心度」が高かったイメージを，繰り返し思い浮かべる練習をしましょう。それではひとまず，どのイメージを「安全なイメージ」として当面用いるか，決めてもらいます。11の安全なイメージを再度挙げますので，この中から，1つから3つ選び，括弧（　）に〇をつけましょう。

（　）①フリーイメージ
（　）②誰かと一緒にいて安心しているイメージ
（　）③アイスクリームのイメージ
（　）④シャボン玉のイメージ
（　）⑤お風呂のイメージ
（　）⑥空を飛ぶイメージ
（　）⑦カンガルーの赤ちゃんのイメージ
（　）⑧お花畑のイメージ
（　）⑨小さな子どもになってゆりかごですやすや寝ているイメージ
（　）⑩リゾート地のイメージ
（　）⑪象の子どもになって，群れの中で守られているイメージ

レッスン9-4　イメージ以外の「安全な何か」を確保する

　「ワーク9-1」では，頭の中で瞬時に思い浮かべることのできるイメージを使って「安全なイメージ」を作りました。イメージはいつでもどこでも想起できる最強の認知ですが，頭の中がつらい認知でいっぱいになってしまっているときに，すぐには「安全なイメージ」に切り替えづらいときもあります。したがってイメージ以外にもあなたにとって「安全な何か」を用意しておくことにしましょう。以下にヒントを挙げますので，それを参考に，あなた自身にとっての「安全な何か」を決めてみてください。

★イメージ以外の「安全な何か」のヒント

- 写真
- 動画
- 香水
- 写真集
- 小物
- ぬいぐるみ
- 人形
- キャンディ
- 手触りのよい布, ハンカチ, タオル
……などなど
- 絵
- 何か言葉が書いてあるもの
- 本
- 画集
- アロマオイル
- 毛布
- 花（生花, 押し花, 花の写真）
- ガム
- キャンドル
- イラスト
- 音楽
- 漫画
- ハンドクリーム
- クッション
- お香
- チョコレート
- プチプチ
- キーホルダー

イメージ以外の「安全な何か」は，持ち運べるもの，手元に置いておけるものが望ましいです。すぐにそれを取り出したり手に取ったりして，「安全感・安心感」を取り戻せるからです。

ワーク9-2　イメージ以外の「安全な何か」の外在化

イメージ以外の「安全な何か」を外在化しましょう。「安全度・安心度」の数字もつけてみましょう。上に挙げたヒントや，以下に挙げる例を参考にしてみてください。

「安全な何か」

安全度・安心度＿＿＿＿＿％

レッスン9　安全なイメージを作りましょう

❖ ワーク 9-2 の外在化の例：ユミエさんの場合

「安全な何か」

アロマがあれば私は大丈夫。お気に入りのアロマのボトル（今気に入っているのはラベンダーとローズウッドのブレンド）を持ち歩き，つらくなったら香りをかぐ。ハンカチにも垂らしておく。家でスキーマ療法の作業をするときは，あらかじめディフューザーで部屋をアロマの香りで満たし，つらくなったらその香りにマインドフルになろう。寝る時も枕元にボトルを置いておこう。

安全度・安心度　90　％

❖ ワーク 9-2 の外在化の例：ユウタロウさんの場合

「安全な何か」

若い頃バンドをやっていて，そのとき使っていたドラムスティックが私の宝物。自宅のデスクにしまってある。今でもつらくなると，それを取り出してドラムの真似事をしたりしている。ああ，そうだ，このスティックを写真に撮って，スマホで写真を見られるようにしよう。スティックは持ち歩けないが，写真があれば，外でもこのスティックを見ることができるから。

安全度・安心度　95　％

❖ **ワーク 9-2 の外在化の例：ウミコさんの場合**

「安全な何か」

- 大好きだった小学校の先生から卒業するときにもらったメッセージカード
- 大好きだった小学校の先生が毎年送ってくれる年賀状
- 大好きだった小学校の先生と一緒に撮った写真

これらをお気に入りのクリアファイルに入れて持ち歩こう。スキーマ療法をやっている最中に、どんなにつらくなっても、この先生のことをくっきりと思い出せれば私は絶対に大丈夫。

安全度・安心度　99　％

❖ **ワーク 9-2 の外在化の例：リュウさんの場合**

「安全な何か」

- 家にいればチャコ（猫）がいるから大丈夫。チャコを撫でたり、チャコと一緒に遊んだりすれば、僕は大丈夫。
- チャコの写真と動画はいつも持ち歩いているので、外出時はそれを見れば大丈夫。

安全度・安心度　99　％

さて皆さんには「ワーク9-1」「ワーク9-2」を通じて、「安全なイメージ」とイメージ以外の「安全な何か」を手に入れてもらいました。次回の「レッスン10」以降、スキーマ療法のワークを行う場合はいつも、ワークの前と後に、「安全なイメージ」と「安全な何か」を儀式として行ってもらいます。生活とワークの間にこのような儀式を挟むことで、スキーマ療法の痛みやつらさを癒すとともに、それらが日常生活に侵入するのを防ぐためです。しかし、そうはいっても、スキーマ療法で思い出した過去の記憶が、生活の中に侵入し、急につらくなったり混乱したりする場合もないとは言えません。その場合も、瞬時に「安全なイメージ」や「安全な何か」に立ち返り、「大丈夫」という感覚に戻りましょう。

レッスン9のまとめ

1) 「生きづらさ」を扱うスキーマ療法では、過去の傷つき体験に直面することになります。それにはかなりの心の痛みを伴う場合があります。
2) スキーマ療法では、痛みを避けるのではなく、その痛みを感じ、受け入れ、ケアしながら進めていきます。
3) コーピングレパートリーを日々しっかり活用することが、スキーマ療法を進めていくうえでの安全性を高めてくれます。
4) 大きな痛みを感じたときに自分をケアしてくれる「安全なイメージ」を作りましょう。つらくなったらいつでもその安全なイメージがあなたを迎え入れて「大丈夫」と言ってくれます。
5) 今後スキーマ療法を行うにあたって、必ず最初と最後に「安全なイメージ」の儀式を行います。
6) イメージ以外の「安全な何か」も身の回りに確保しておき、「安全なイメージ」と同じように活用します。

レッスン9のホームワーク

1) スキーマ療法の4つのお膳立てを，日々しっかりと活用しましょう。特に「コーピングレパートリー」を自分のためにしっかりと使いましょう。
2)「安全なイメージ」を，1日3回以上，ありありと心の中でイメージして，「ここに帰れば自分は大丈夫」ということをしっかりと感じ取りましょう。
3) イメージ以外の「安全な何か」も確保しておきましょう。日々，それらを見て，それらに触れて，「これが自分を守ってくれるんだ」ということを実感しましょう。

レッスン10 自分の生きてきた道のりを振り返りましょう
―― 過去の自分に出会う

🐸 レッスン10で何をするか

　この「レッスン10」から，あなた自身の生きづらさに直面していく作業が始まります。私たちはこれまでいくつものレッスンを積み重ねるなかで，スキーマ療法のお膳立てとして，「サポートネットワーク」「セルフモニタリング」「マインドフルネス」「コーピングレパートリー」といった自分助けの技を身につけてきました。さらに「安全なイメージ」と，イメージ以外の「安全な何か」を用意することで，スキーマ療法に伴う痛みをセルフケアすることができるようになりました。皆さんには，これらの「自分助け」や「セルフケア」を駆使しながら，スキーマ療法への取り組みを進めてもらいたいと思います。

　逆に，これらのお膳立てやセルフケアが「できているとは思えない」「全く自信がない」という人は，無理してこの先に進む必要はありません。もう一度本書の前半部分に立ち戻り，自分助けのスキルをある程度しっかりと身につけましょう。そして「安全感・安心感」の感じられる「安全なイメージ」，イメージ以外の「安全な何か」を手に入れましょう。そして「もうそろそろスキーマ療法自体に取り組んでもいいかな」と思えるようになったら，あらためてこの「レッスン10」に入りましょう。あせる必要はありません。スキーマ療法に取り組むための，あなたなりのタイミングがあるはずです。そのタイミングを見計らって取り組んでもらえればそれで大丈夫です。

　さて，この「レッスン10」では，あなた自身の生きづらさの歴史を振り返ります。スキーマ療法では，過去の様々な傷つき体験が「早期不適応的スキーマ」を形成し，それらのスキーマが今のあなたに生きづらさをもたらしている，というふうに考えます。また生きづらさを乗り越えるためには，まずはそれを理解し，眺められるようになることが重要だ，とも考えます。これは認知行動療法のセルフモニタリングの考え方と全く一緒ですね。やみくもに乗り越えようとするのではなく，まず自分の体験を観察し，理解することが重要だという考え方です。理解してはじめてそれを乗り越えられる，というのが認知行動療法およびスキーマ療法の重要な仮説なのです。

そういうわけで今後皆さんには,「今の生きづらさ」の元になっている「早期不適応的スキーマ」を理解してもらうのですが,そのためには,どのような過去の体験がそれらのスキーマを形作ったのか,ということをまず振り返っておく必要があります。その際重要なのは,「頭でさらっと振り返る」ことではなく,「心でがっちりと振り返る」ことです。スキーマ療法では,自らのスキーマを実感を伴って理解することが不可欠です。「ああ,こういうスキーマがあるから,私はこんなに生きづらいんだ」「そうか,こういうスキーマがあるせいで,いつも私はこんなに苦しくなっちゃうんだ」と,心から理解することが絶対に必要です。ということは,そのスキーマの形成に至ったもともとの体験も,感情や実感をしっかりと伴った形で振り返っておく必要があるということになります。

　それは言い換えると「過去の傷ついた自分に会いに行く」ということです。その時々の傷ついた自分や傷つき体験に一回一回直面していくのです。傷ついた自分に出会い,しっかりと理解するためには,感情を伴う必要があります。というのも,そもそも傷つき体験には,様々な感情が伴っているはずだからです。その多くは,たとえば悲しい,落ち込んだ,怖い,ショック,怒り,さみしい,孤独,不安,といったネガティブでつらい感情でしょう。傷ついてそのような感情を抱いている過去の自分にそのまま出会い,「ああ,このときの自分はこんなにつらかったんだ」「ああ,このとき私はまさにこんなふうに傷ついたんだ」と丸ごと理解し,共感していくのです。そうすることで,次の「レッスン11」(Book 2 につづく)で紹介する数々の「早期不適応的スキーマ」のうち,どれが自分に当てはまりどれが当てはまらないか,適切に理解することが可能になります。自らのスキーマを適切に理解することによって,スキーマ療法をその先に進めることができるようになります。

前置きが長くなりました。具体的には，この「レッスン10」では，過去の体験を振り返り，それを年表形式で外在化していきます。その前と後に「安全なイメージ」，イメージ以外の「安全な何か」を確認する儀式を行いますが，過去を振り返るなかで，あまりにもつらくなってしまった場合は，いつでもこの儀式を行ってください。
　また，実際には「傷つき体験の歴史」だけでなく，「ハッピーな体験」「うれしかった体験」も併せて想起してもらいます。つまり今の自分に影響を与えたと思われる過去の体験をすべて振り返るということになります。いわば「人生の棚卸し」です。うれしかったことも，楽しかったことも，悲しかったことも，つらかったことも，つまりあなたが過去に体験したことはすべて，今のあなたに影響を与えているはずです。それを一つ一つ棚卸ししていきましょう。そうやって過去の自分に一つ一つ丁寧に出会っていきましょう。

> 🔑 **レッスン10のキーワード** ▶ 過去の傷つき体験，過去の自分に出会う，
> 　人生の棚卸し，年表形式での外在化，ハッピーな体験

レッスン10-1　安全を確保する

　皆さんは，スキーマ療法のお膳立て（サポートネットワーク，セルフモニタリング，マインドフルネス，コーピングレパートリー）は，日常的に行っていますね？　それを続けてもらいつつ，今後，スキーマ療法の作業に入る前と後には，「安全を確保する」という儀式を行ってもらいます。
　やることはいたってシンプルです。すでに皆さんは「レッスン9」で，1つ～3つの「安全なイメージ」を用意しています。そのイメージをしっかりと思い浮かべ，「安全感・安心感」を感じます。次にイメージ以外の「安全な何か」を用意してもらい，やはり「安全感・安心感」をしっかりと感じてもらいます。

📖 ワーク10-1　「安全なイメージ」と「安全な何か」の外在化

　「レッスン9」で用意した「安全なイメージ」と，イメージ以外の「安全な何か」をここであらためて外在化しておきます。「安全なイメージ」は，「安全度・安心度」が高ければ1つでも大丈夫です。なお，このページは今後，何度も見直してもらうことになりますので，後からでも読みやすいように，丁寧に外在化しましょうね。

★**安全なイメージその1**　※括弧内にはタイトルを書きましょう。

安全なイメージ（内容：　　　　　　　　　　　　　　　　　　　）

安全度・安心度＿＿＿＿＿＿％

★**安全なイメージその2**　※括弧内にはタイトルを書きましょう。

安全なイメージ（内容：　　　　　　　　　　　　　　　　　　　）

安全度・安心度＿＿＿＿＿＿％

レッスン **10**　自分の生きてきた道のりを振り返りましょう

★安全なイメージその3　※括弧内にはタイトルを書きましょう。

安全なイメージ（内容：　　　　　　　　　　　　　　　　）

安全度・安心度_____％

★イメージ以外の「安全な何か」

イメージ以外の「安全な何か」

安全度・安心度_____％

スキーマ療法の作業をする場合は，必ず，この儀式から始めます。作業を終えたらもう一度この儀式を行って区切りをつけます。スキーマ療法で過去のことを振り返ると，日常生活でも突然過去の記憶がよみがえってきたりして，いきなりつらくなる場合があります。その場合はすかさずこの儀式を行って，安全な場所に自分を戻します。過去の嫌なことを夢で見ることがあるかもしれません。その場合も，この儀式を行って自分を安全な場に戻しましょう。

レッスン10-2　年表づくりその1：過去の自分に会いに行く（0歳から10歳ごろまで）

　ではまずは，幼い頃の記憶を振り返ってみます。どんな家庭に生まれたのか，家族にはどんな人がいたのか，自分はどんな赤ちゃんだったのか，周りは自分をどんなふうに扱ったのか，最も古い記憶にはどういうものがあるか，保育園や幼稚園ではどうだったか，お父さんはあなたにとってどんなお父さんだったか，お母さんはあなたにとってどんなお母さんだったか，家庭の雰囲気はどうだったか，何か大きな出来事があったか，家の中や家の外であなたはどんなことを体験しどんなことを感じていたのか，どんなお友達がいたか，お友達とどんなふうにして遊んだのか，小学校に上がってどうだったか，学校は楽しかったか，先生はどんな感じだったか，学校の勉強はどうだったか，授業中はどうしていたか，放課後にはどうしていたか，学校で同級生とはどんな感じだったか……。「傷つき体験」に限らず，「それは今の自分に何らかの影響を与えている体験だ」と感じたら，事実それはあなたにとって大切な体験のはずですので，それをしっかりと思い出しておくことにしましょう。

　一つ何かを思い出したら，目を閉じて，その時の体験に巻き戻って，どんな感情や自動思考が湧き出てくるか，じっと待ちます。その時の自分の体験をしっかりと感じ取ったら，目を開けて，その体験を年表に外在化しましょう。便宜上，年表は，「いつ？」「どんな環境や出来事？」「どんな体験？」という枠が設定されていますが，書きやすいように書いてもらって構いません。記入例を挙げますので，それも参考にしてください。

ワーク 10-2　過去の自分に会いに行く（0～10歳ごろ）

0歳から10歳ごろまでの体験に巻き戻り，年表に外在化しましょう。

❖ ワーク 10-2 の外在化の例：ヒカルさんの場合

いつ？	どんな環境や出来事？	どんな体験？
0～3歳頃	父，母，兄（2歳上），私の4人家族。父は仕事で家にあまりいない。兄が病気がちで母は兄の面倒に振り回されていたらしい。私は一人にされていることが多かったらしい。	はっきりとは記憶にないけど，なんか，家でポツンと一人でいて，一人遊びをしていたような気がする。別にさびしいとかそういう感じではなく，「ぽつん」という感じ。
3歳か4歳頃	両親が喧嘩して，急に父が母に対して怒鳴った。それを見た兄がわーんと泣き出して，母が兄を連れてどこかに行ってしまった。父もどこかに行ってしまい，リビングに一人取り残された。	自分もびっくりして，怖くて，泣きたかったけど，兄に先に泣かれてしまい，一人取り残された感じ。またもや「ぽつん」という感じ。誰も私のことを気に留めてくれない。みんなにほっておかれる自分。ぽつん。

❖ ワーク 10-2 の外在化の例：ソウスケさんの場合

いつ？	どんな環境や出来事？	どんな体験？
4歳頃	テーブルの上にマッチがあったのであれこれいじっていたら火がついちゃって，やけどした。泣き叫んだ。おやじにこっぴどく叱られた。殴られた。	とにかく痛くて痛くてギャーギャー泣き叫んだ。この世にこんな恐ろしいことがあるのかと感じた。さらにおやじに殴られて，4歳だけど，生きるのが嫌になった。この世は恐ろしいところだと感じた。
6歳頃	公園のブランコを思い切り漕いでいたら，何かのはずみで落ちて，頭を大怪我した。またもやおやじにひどく叱られた。怪我してたのに頭を殴られた。	自分は何も悪くないのに……いや，自分が悪いのかな……自分が悪いからやけどしたり頭に怪我したりするのかな……罪悪感。母さんにごめんなさい，という気持ち。おやじには恨みが残った。

❖ **ワーク10-2の外在化の例：ダリアさんの場合**

いつ？	どんな環境や出来事？	どんな体験？
2歳頃？	両親が離婚した。母が出て行った。父によると私は何もわかっていなくて、母に「バイバーイ」と手を振っていたらしい。	覚えていない。思い出せない。でもそのときの自分をイメージすると涙が出てくる。
それ以降	父方のおばあちゃんに育てられる。おばあちゃんはとても厳しくて、気に入らないと、私の太ももをつねった。「おまえのせいでおまえのお父さんは自由になれない」「おまえのお母さんはひどい女だ」としょっちゅう聞かされた。	「痛い」と言うともっとつねられるから、じっと耐えていた。自分をその場から切り離して、意識を遠くに飛ばしていた。ものすごい孤独感。お母さんが私を迎えに来ることをしょっちゅう空想していた。
小学校2年生	お父さんが急に再婚することになった。「新しいお母さんの言うことを何でもきくように」とおばあちゃんに何度も言われた。	本当のお母さんが迎えに来ることを神様にお祈りしていたけど、結局来なかった。見捨てられ感。絶望感。でもおばあちゃんと離れて暮らすことになったことには安心感。「もうつねられなくてすむ」

❖ **ワーク10-2の外在化の例：ショウタロウさんの場合**

いつ？	どんな環境や出来事？	どんな体験？
0〜3歳頃	保育園に預けられていた。人見知りをしない子だったらしく、保育園にも喜んで通っていたらしい。	うっすらと記憶にあるが、保育園に行くのが大好きだった。先生は優しいし、皆と遊べるから。夏のプールが大好きだった。
4歳頃　夏	家族で山小屋に行った。いつもは静かなお母さんがすごく楽しそうで、はしゃいでいた。	そういうお母さんを見るのがうれしかった。山小屋でいろんなことをしたのが楽しかった。
小学校3年生	学校の遠足でハイキングをした。超楽しかった。先生にも「おまえは外にいると楽しそうでいいな」と言われた。	楽しかった。のびのびしていた。自分は学校の勉強はできないけれど、外で体を動かすのが好きだし、それが得意だと気づいた。「よし、俺は勉強じゃなくて外の世界で体を使って生きていこう」とそのとき思った。

❖ ワーク10−2の外在化
＊年表（0歳から10歳ごろまで）

いつ？	どんな環境や出来事？	どんな体験？

❖ **ワーク10-2の外在化**（続き）

＊**年表（0歳から10歳ごろまで）**

いつ？	どんな環境や出来事？	どんな体験？

❖ ワーク10−2の外在化（続き）
＊年表（0歳から10歳ごろまで）

いつ？	どんな環境や出来事？	どんな体験？

❖ **ワーク10−2の外在化**（続き）
＊年表（0歳から10歳ごろまで）

いつ？	どんな環境や出来事？	どんな体験？

レッスン **10** 自分の生きてきた道のりを振り返りましょう

❖ ワーク 10−2 の外在化（続き）
＊年表（0 歳から 10 歳ごろまで）

いつ？	どんな環境や出来事？	どんな体験？

レッスン10-3　年表づくりその2：過去の自分に会いに行く（10歳から20歳ごろまで）

　さて10歳ごろまでの記憶を振り返ってみて，いかがでしたか？　過去の傷ついた自分にしっかりと向き合うことができたでしょうか？　過去のハッピーな体験も併せて思い出すことができたでしょうか？　あまりにもつらくなってしまった場合，「安全なイメージ」，イメージ以外の「安全な何か」に戻ることができたでしょうか？

　では次に，10歳ごろから20歳ごろまでの記憶を振り返ってみましょう。例も参考にしてください。

ワーク10-3　過去の自分に会いに行く（10〜20歳ごろ）

10歳から20歳ごろまでの体験に巻き戻り，年表に外在化しましょう。

❖ ワーク10−3の外在化の例：シロウさんの場合

いつ？	どんな環境や出来事？	どんな体験？
小学校4年生	学校でおもらしをしてから，皆に「汚い」「臭い」といじめられるようになった。	最悪。自分でもショックだったのに。先生は僕を助けてくれなかった。親にも言えなかった。
中学校1年生	私立の中学に上がって，おもらしの件をチャラにできると思ったら，Tという奴が同じ中学に進学してきやがった。	いつ小4のときのことがばれるかと思うと，気が気ではなかった。毎日そのことばっかり考え，不安でいっぱいだった。夜も眠れなくなった。

❖ ワーク10−3の外在化の例：ナオさんの場合

いつ？	どんな環境や出来事？	どんな体験？
中学受験をしたとき	第一希望校の受験の前日，父親のいつもの酒乱がはじまり，一晩中，母親をかばって一睡もできなかった。結局受験に失敗。	うんざり。でも，ものすごく悲しかった。悲しみのどん底。親は頼りにならないどころか私の人生を邪魔してくる。ただ受験の失敗を親のせいにする自分のことも責めていた。
大学受験のとき	高3の秋になって，「お金がないからおまえを大学にやれない」と突然親に言われた。	パニック。どん底に突き落とされた感じ。親を恨む気持ち。「やっぱり親は私を邪魔する」。ショック。でもやっぱりものすごく悲しかった。「私は私の望むような人生を歩めない」

❖ ワーク10−3の外在化の例：アキコさんの場合

いつ？	どんな環境や出来事？	どんな体験？
10歳ごろ	親せきの家に泊まりに行ったとき，5歳年上のいとこのお兄ちゃんに性的な暴行をされた。「誰にも言うな」と脅された。	怖かった。すごく怖かった。殺されると思った。優しかったお兄ちゃんが突然わけのわからない存在になった。人生が終わったと思った。自分は汚い存在になったと感じた。
それ以降ずっと	家族といるときはいつでも。	いつもおびえていた。怖かった。あのことがバレたらどうしよう。バレたら親に捨てられる。ビクビク。
それ以降ずっと	男の人がいる状況ならどこでも。	怖い。汚い。何されるかわからない。いつもおびえていた。男の人に優しくされると，特に怖かった。
それ以降ずっと	女子同士の会話で性的な話題になるといつでも。	ビクビク。不安。あのことがバレたらつまはじきにされるだろう。あと強烈な怒り。「なんで私だけこんな目にあった」「私だったから？」。皆と違って自分だけ汚い感じ。自分に対する嫌悪感。「だったらもう死にたい」

❖ ワーク10−3の外在化の例：ノブオさんの場合

いつ？	どんな環境や出来事？	どんな体験？
中学の3年間	学校になかなかなじめず，友だちもあまりできなかった。	楽しくない。面白くない。暗い気分。なんのために人は生きるのか，疑問。仕方なく学校に行っていた。
高2のクラス替えで	田口と友だちになった。なぜか気が合う。田口は友だちが大勢いて，次第にそいつらとも仲良くなってきた。	あれ？　おかしいな。気づいたら学校がすごく楽しくなっていた。田口たちとつるんでいるだけでとても楽しい。高校に行くのが楽しい。
専門学校に入る	調理師の専門学校に入る。調理の勉強や実習を始める。友だちもそこそこできる。田口たちとのつき合いも続く。	調理は自分にすごく合っている。天職かも。勉強や実習も楽しいし，友だちづきあいも楽しい。悩むこともあったけど，とにかく楽しかった。

❖ ワーク 10-3 の外在化
＊年表（10 歳から 20 歳ごろまで）

いつ？	どんな環境や出来事？	どんな体験？

❖ **ワーク 10−3 の外在化**（続き）
***年表（10 歳から 20 歳ごろまで）**

いつ？	どんな環境や出来事？	どんな体験？

レッスン **10** 自分の生きてきた道のりを振り返りましょう

❖ ワーク10−3の外在化（続き）
＊年表（10歳から20歳ごろまで）

いつ？	どんな環境や出来事？	どんな体験？

❖ **ワーク 10−3 の外在化**（続き）
＊年表（10 歳から 20 歳ごろまで）

いつ？	どんな環境や出来事？	どんな体験？

レッスン **10** 自分の生きてきた道のりを振り返りましょう

❖ ワーク10−3の外在化（続き）
＊年表（10歳から20歳ごろまで）

いつ？	どんな環境や出来事？	どんな体験？

レッスン10-4　年表づくりその3：過去の自分に会いに行く（20歳以降）

さて20歳ごろまでの記憶を振り返ってみて、いかがでしたか？　過去の傷ついた自分にしっかりと向き合うことができたでしょうか？　過去のハッピーな体験も併せて思い出すことができたでしょうか？　あまりにもつらくなってしまった場合、「安全なイメージ」、イメージ以外の「安全な何か」に戻ることができたでしょうか？

では次に、20歳以降の記憶を振り返ってみましょう。20歳以降のいつまでの記憶を振り返るかは、自分の心と相談して決めてください。「大体今の自分を形作った体験は25歳ごろまでに出揃った。あとはその延長戦」と感じられるようであれば25歳までの年表で構いません。一方、「今、自分は50歳代だけれども、これまでに体験したことは、すべて今の自分に関係していると思う」ということであれば、それらをすべて外在化してみましょう。あるいは「30歳ぐらいまでの体験を振り返っておけばいいような気がするけれども、37歳のときに体験したあの出来事だけは、振り返っておいたほうがいいと思う」ということがあれば、それだけピンポイントで書き出しておいてもよいでしょう。もう書き方の要領は理解できたでしょうから、あえてここで例は挙げません。自分の心と相談しながら、「人生の棚卸しはこれで十分」と感じられるまで、自分のペースでこの作業を続けましょう。

ワーク10-4　過去の自分に会いに行く（20歳〜）

20歳以降の体験に巻き戻り、年表に外在化しましょう。

❖ ワーク10−4の外在化
＊年表（20歳以降）

いつ？	どんな環境や出来事？	どんな体験？

❖ **ワーク 10−4 の外在化**(続き)

＊年表（20 歳以降）

いつ？	どんな環境や出来事？	どんな体験？

レッスン 10 自分の生きてきた道のりを振り返りましょう

❖ ワーク 10−4 の外在化（続き）
＊年表（20 歳以降）

いつ？	どんな環境や出来事？	どんな体験？

❖ ワーク 10−4 の外在化(続き)
＊年表（20歳以降）

いつ？	どんな環境や出来事？	どんな体験？

レッスン **10** 自分の生きてきた道のりを振り返りましょう

❖ ワーク10−4の外在化（続き）
＊年表（20歳以降）

いつ？	どんな環境や出来事？	どんな体験？

レッスン 10-5　生き抜いてきた自分をねぎらう

　ここまで大変お疲れ様でした。自分の過去の体験を「心でがっちりと振り返る」って，大変なワークだったでしょう？　しかもそれを年表に外在化するというのは，とても骨の折れるしんどいワークだったことと思います。私自身，セルフでスキーマ療法に取り組んだとき，一番きつかったのがこの作業でした。しかし一番「やってよかったな」と思えたのも，このワークでした。この「人生の棚卸し」のワークのおかげで，自分がいつ，どこで，どんなことで傷つき，それが今の自分にどんな影響を与えたか，ということが見えてきましたし，自分の中にどのような「早期不適応的スキーマ」があるのかを判断するときにも，非常に役に立ちました。また，つらい体験だけでなくハッピーな体験も併せて振り返ることによって，「良いことも悪いこともたくさんあって，それらの体験のすべてが今の私の中にあるんだな。それにしてもそういう様々な体験をしながら，私はよくここまで生き抜いてきたな」と心から思えるようになりました。そうです，これまで生き抜いてきた自分をねぎらいたくなるような気持ちになったのです。

　このワークに取り組んだ皆さんは全員，過去に様々な傷つき体験をしながら，あるいは様々な苦労や困難を背負いながら，ここまで生き延びてきた人たちです。まずはここでそういう自分をねぎらいませんか。ここまで生き延びてきた自分，生き抜いてきた自分を認め，そのことを心からねぎらうのです。

ワーク 10-5　自分をねぎらう言葉を探し,外在化する

生き抜いてきた自分をねぎらう言葉を探し,外在化しましょう。例も参考にしてください。

自分をねぎらう言葉

❖ **ワーク 10−5 の外在化の例：**リンコさんの場合

> **自分をねぎらう言葉**
>
> つらいことばっかりの人生，私はよく頑張って生きてきたと思うよ。特に幼かった頃の私には，家族のことは試練ばかりだった。なんでこんな家庭に生まれちゃったんだろうと思ってばかりだったけれど，そして今もそう思うけれど，あんなひどい家庭だったにもかかわらず，私は今，こうやってちゃんと生きている。今だってけっこうつらいけど，小さかったときに比べたら全然ましだ。よく頑張ったね。

❖ **ワーク 10−5 の外在化の例：**フミオさんの場合

> **自分をねぎらう言葉**
>
> よく生き延びました＞自分
> パチパチパチパチ（拍手）！

❖ **ワーク 10−5 の外在化の例：**サヨコさんの場合

> **自分をねぎらう言葉**
>
> ねぎらいの言葉が出てこない。どうしよう……
> でも前に精神科の先生に「サヨコさんは生きているだけでえらい」と言われた。
> まだよくわかんないけど，その言葉をひとまず信じることにしよう。
> 私は生きているだけでえらいんだ。

◆ ワーク10−5の外在化の例：キリオさんの場合

自分をねぎらう言葉

実はこのワークをやって驚いた。自分の心がこんなに傷ついているなんて知らなかった。俺は今まで自分が傷ついたのを見ないようにして生きてきたらしい。……実は今も見たくない気持ちが半分ある。だからこのワークはやっていてものすごくきつかった。……でも，認めざるを得ない。俺は家族のことで，特に父親との関係で，こんなに苦しんでいたんだ。傷ついていたんだ。書いていて泣けてくる。……自分はその傷つきを感じないようにしながら生き延びてきたんだなあ。えらかったなあ，自分。

レッスン10−6　安全を確保する

さて，「レッスン10」はこれで終わりです。儀式を行いましょう。「ワーク10−1」で外在化した「安全なイメージ」，イメージ以外の「安全な何か」（191, 192ページ）に戻ります。時間をかけて，じっくりと儀式を行いましょう。「ああ，自分は大丈夫」「大変だったけれども，今はもう大丈夫」と感じられるまで，「安全なイメージ」に留まったり，「安全な何か」と共に過ごしましょう。

レッスン10のまとめ

1) スキーマ療法では自分の生きづらさを「早期不適応的スキーマ」と関連づけて考えます。したがって自分の中にどのようなスキーマがあるかを理解することが重要です。
2) 過去の様々な体験によって「早期不適応的スキーマ」が形成されます。自らのスキーマを理解するには、スキーマの形成に関わりのある過去の体験を理解する必要があります。
3) 「早期不適応的スキーマ」に関わりのある過去の体験とは、主に傷つき体験です。過去の傷ついた自分にしっかりと出会うことで、それらの体験を実感的に理解できるようになります。
4) 傷つき体験のみならず、「ハッピーな体験」「うれしかった体験」など、今の自分に関わりのあるポジティブな体験も一緒に振り返っておくとよいでしょう。
5) 思い出した体験はすべて外在化しておきましょう。
6) スキーマ療法のワークの前後には「安全なイメージ」、イメージ以外の「安全な何か」の儀式を必ず実施します。

レッスン10のホームワーク

1) スキーマ療法の4つのお膳立てを、日々しっかりと活用しましょう。
2) 「安全なイメージ」とイメージ以外の「安全な何か」を毎日1回は確認しましょう。
3) 時々(週に1, 2回程度)、外在化した年表を見直して、その時の自分に戻ってみます。あらたな記憶や感情が出てきたら、それらも追加で外在化しておきましょう。※この作業の前後には、必ず「安全なイメージ」とイメージ以外の「安全な何か」の儀式を行うこと。
4) 日常生活の中でふと過去の大事な記憶が蘇ってきたら、その時の自分に会いに行き、どんな体験をしたのか巻き戻ってみましょう。そして忘れないうちに年表に外在化しておきましょう。外在化の後には「安全」の儀式をお忘れなく。

Book 1 あとがき

　ここまで大変お疲れ様でした。ここが「スキーマ療法の旅」の折り返し地点です。
　あなたはすでに多くのワークに取り組み，たくさんの気づきを得たり，セルフケアのスキルを身につけたりしていることでしょう。すでに当初の「生きづらさ」に何か変化があるかもしれません。それは「Book 2」への取り組みで得られる，さらなる変化の序奏となるはずです。「Book 2」では，いよいよ本格的なスキーマ療法への取り組みが始まります。ひき続きご自分のペースで少しずつ，じっくりと取り組んでいってくださいね。では「Book 2」で再会しましょう！

■著者

伊藤絵美（いとうえみ）

博士（社会学），臨床心理士，精神保健福祉士。慶應義塾大学文学部人間関係学科心理学専攻卒業。慶應義塾大学大学院社会学研究科博士課程修了。現在，洗足ストレスコーピング・サポートオフィス所長。千葉大学子どものこころの発達教育研究センター特任准教授。主な著書・訳書：『認知療法・認知行動療法カウンセリング 初級ワークショップ』（星和書店，2005），『認知療法・認知行動療法 面接の実際』（星和書店，2006），『認知行動療法，べてる式。』（共著，医学書院，2007），『認知療法・認知行動療法事例検討ワークショップ（1）（2）』（共著，星和書店，2007），『事例で学ぶ認知行動療法』（誠信書房，2008），『スキーマ療法』（ジェフリー・E・ヤングほか著，監訳，金剛出版，2008），『成人アスペルガー症候群の認知行動療法』（ヴァレリー・L・ガウス著，監訳，星和書店，2012），『スキーマ療法入門』（編著，星和書店，2013），『認知行動療法実践ガイド：基礎から応用まで 第2版』（ジュディス・S・ベック著，共訳，星和書店，2015），『認知行動療法カウンセリング 実践ワークショップ』（星和書店，2015）など多数。

自分でできるスキーマ療法ワークブック　Book1

2015年7月21日　初版第1刷発行
2025年1月23日　初版第7刷発行

著　者　伊藤絵美
発行者　石澤雄司
発行所　株式会社　星和書店
　　　　〒168-0074　東京都杉並区上高井戸1-2-5
　　　　電話　03（3329）0031（営業部）／03（3329）0033（編集部）
　　　　FAX　03（5374）7186（営業部）／03（5374）7185（編集部）
　　　　http://www.seiwa-pb.co.jp
印刷・製本　株式会社　光邦

Ⓒ 2015 星和書店　　Printed in Japan　　ISBN978-4-7911-0903-6

・本書に掲載する著作物の複製権・翻訳権・上映権・譲渡権・公衆送信権（送信可能化権を含む）は（株）星和書店が管理する権利です。

・JCOPY〈（社）出版者著作権管理機構　委託出版物〉
本書の無断複製は著作権法上での例外を除き禁じられています。複製される場合は，そのつど事前に（社）出版者著作権管理機構（電話 03-5244-5088，FAX 03-5244-5089，e-mail：info@jcopy.or.jp）の許諾を得てください。

自分でできる
スキーマ療法ワークブック
Book 2

生きづらさを理解し、こころの回復力を取り戻そう

[著] 伊藤絵美

B5判　272頁　定価：本体2,800円+税

　スキーマ療法とは、認知行動療法では効果の出ない深いレベルの苦しみを解消するために米国の心理学者ヤングが考案した心理療法である。認知行動療法では、頭に浮かぶ考えやイメージのことを認知と呼ぶ。浅いレベルの認知を自動思考と呼び、深いレベルの認知をスキーマと呼ぶ。スキーマ療法は、心の深い部分の傷つきやずっと抱えてきた生きづらさなど深いレベルの認知に働きかけ、認知行動療法の限界を超えて、大きな効果をもたらす。
　本書は、治療者やセラピストがいなくても、自分ひとりでスキーマ療法に取り組めるように作成されたワークブックである。本書でスキーマ療法に取り組むことにより、自らの生きづらさを理解し、こころの回復力を取り戻すことが出来る。

発行：星和書店　http://www.seiwa-pb.co.jp

スキーマ療法入門

理論と事例で学ぶ
スキーマ療法の基礎と応用

［編著］伊藤絵美
［著］津髙京子、大泉久子、森本雅理
A5判　400頁　定価：本体2,800円＋税

スキーマ療法は、スキーマ（認知構造）に焦点を当て、心理療法を組み合わせて構築された認知行動療法の発展型である。日本でスキーマ療法を習得し、治療や援助に使いたい方々の心強いテキスト。

成人アスペルガー症候群の
認知行動療法

［著］ヴァレリー・L・ガウス
［監訳］伊藤絵美　［訳］吉村由未、荒井まゆみ
A5判　456頁　定価：本体3,800円＋税

アスペルガー症候群が知られる以前に成長し成人となり、アスペルガー症候群やそれによる二次障害で苦しんでいる当事者に、認知行動療法を中心とする援助を提供するための包括的なガイド。

発行：星和書店　http://www.seiwa-pb.co.jp

認知療法・認知行動療法カウンセリング初級ワークショップ

[著] 伊藤絵美

A5判　212頁　定価：本体2,400円+税

大好評の認知行動療法ワークショップを完全テキスト化。基本モデルの説明、実際のセッションの進め方、実践的ロールプレイなど、これから認知行動療法を学ぶ人たちに最適。

認知行動療法カウンセリング実践ワークショップ
CBTの効果的な始め方とケースフォーミュレーションの実際

[著] 伊藤絵美

A5判　196頁　定価：本体2,400円+税

初級編に続き、CBTの要である「導入」「アセスメント」「ケースフォーミュレーション」をテーマに、セラピストがCBTを安全に開始し、効果的に進めていくために必要な考え方や実践方法を学べる。

発行：星和書店　http://www.seiwa-pb.co.jp